これからの介護・福祉事業を担う経営"人財"

介護福祉経営士テキスト 基礎編Ⅰ

第4版

介護福祉の仕組み
職種とサービス提供形態を理解する

青木正人

監修　一般社団法人日本介護福祉経営人材教育協会

JMP 日本医療企画

サービス、人材、経営の三位一体による質向上が、介護事業の未来を拓く

　介護保険制度創設にあわせて設立した弊社（株式会社ウエルビー）では、介護事業者が向上させるべき対象となる質には、「サービスの質」「人材の質」「経営（マネジメント）の質」の3つがある、という基本的な認識のもとに介護事業コンサルティングを行っています。

　「サービスの質」は、介護サービスのもっとも基本的な要素であり、その品質の向上は、選ばれる介護事業者であるための必須条件であるといえます。また、本書第3章「介護サービスの質の向上と評価」でも述べたようなサービスの特性を考えると、対人専門サービスである介護サービスにおいては、「人材の質」が重要なのは当然です。その向上のためには、体系的で継続的な人材の確保と育成のシステムが必要になります。

　であれば、「ゴーイングコンサーン（going concern）」を前提にした、事業の継続・発展のもっとも核心となるポイントは、人材の採用から育成にいたるシステムを構築するマネジメントそのものにあるはずです。人材の質を向上させ、サービスの質を高めていくためには、「経営（マネジメント）の質」を高めることが不可欠だということがおわかりいただけるでしょう。

　今般、「介護福祉経営士テキストシリーズ」（全21巻）が、刊行を開始したことは、このような意味から、大きな意義があると信じています。

　本シリーズ「基礎編Ⅰ」に位置づけられた『介護福祉の仕組み──職種とサービス提供形態を理解する』は、介護保険サービスを構成する各サービス事業所とサービス従事者の概要と特徴をまとめたものです。

　第1章「介護サービスの特性」では、介護保険制度の意義と目的を振り返った後、介護保険サービスとサービス事業所の推移を概観し、サービス提供から報酬を受け取るまでの流れを整理しています。

　第2章「介護サービス事業の基礎知識」では、介護サービス事業所の人員、設備および運営にかかわる要件をサービスごとにまとめています。あわせて介護保険サービスを担う従事者の主な資格を整理しました。

　第3章「介護サービスの質の向上と評価」では、サービス業としての介護事業の特性を踏まえたうえで、質の向上のために欠かせない「ものさし」について現状と課題を示しておきました。

　いずれも、介護サービスのマネジメントを担っていくみなさんが理解・認識していなければならない基本的で重要な事項を、法令や制度の設計に基づいて、コンパクトにまとめてあります。

　産業としてはまだ日の浅い介護事業ですが、わが国の将来を左右する大きな使命と期待を背負っています。本書・本シリーズ、そして「介護福祉経営士」教育が、その一助となるように願っています。

　今回の改訂は、2021年度の介護保険制度改正および報酬改定を織り込んだ内容です。2040年を見すえて介護のマネジメントのあり方が大きく変わりつつあることを、本書を通じて理解していただければ幸いです。

　　　　　　　　　　　　　　　　　　　　　　　　青木正人

CONTENTS

第1章
介護サービスの特性

1 介護保険制度の意義と目的

2 介護保険サービスの概要

3 サービス提供と報酬請求の仕組み

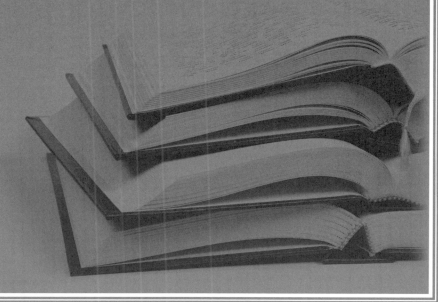

介護保険制度の意義と目的

1　介護保険制度導入の背景

　わが国の介護保険制度は、2000（平成12）年4月、オランダ→イスラエル→オーストリア→ドイツについで、世界で5番目に導入されました。その背景には、高齢化の進展に伴う要介護高齢者の増加、介護期間の長期化など介護ニーズの高まりに加え、核家族化や介護者自身の高齢化など、高齢者を支えてきた家族をめぐる状況の変化があります。

　また、介護保険制度創設以前では、高齢者に対する介護サービスは、老人福祉と老人保健（医療）という異なった制度のもとで提供されていたため、総合的・効率的なサービス提供ができませんでした。

図表1－1●介護保険制度導入の経緯と意義

介護保険導入の背景

○　高齢化の進展に伴い、要介護高齢者の増加、介護期間の長期化など、介護ニーズはますます増大。

○　一方、核家族化の進行、介護する家族の高齢化など、要介護高齢者を支えてきた家族をめぐる状況も変化。

高齢者の介護を社会全体で支え合う仕組み（介護保険）を創設

○　自立支援………単に介護を要する高齢者の身の回りの世話をするということを超えて、高齢者の自立を支援することを理念とする。

○　利用者本位……利用者の選択により、多様な主体から保健医療サービス、福祉サービスを総合的に受けられる制度

○　社会保険方式…給付と負担の関係が明確な社会保険方式を採用

出所：厚生労働省の資料をもとに作成

　そこで、介護を社会全体で支えていく仕組みの創設が求められたのです（**図表1-1**）。

2　介護保険制度の目的

　介護保険法の「目的」は、第1条で以下のように定められています。「この法律は、加齢に伴って生ずる心身の変化に起因する疾病等により要介護状態となり、入浴、排せつ、食事等の介護、機能訓練並びに看護及び療養上の管理その他の医療を要する者等について、これらの者が尊厳を保持し、その有する能力に応じ自立した日常生活を営むことができるよう、必要な保健医療サービス及び福祉サービスに係る給付を行うため、国民の共同連帯の理念に基づき介護保険制度を設け、その行う保険給付等に関して必要な事項を定め、もって国民の保健医療の向上及び福祉の増進を図ることを目的とする」

3　介護保険制度の特徴

　わが国に介護保険制度が導入されたことは、以下のような点から、社会経済の構造改革を進展させるひとつのモデルとして大きな意義があったと評価されています（**図表1-2**）。

（1）利用者本位の制度設計
　従前の老人福祉法における措置制度から、介護サービスの利用者自身によって、サービスの種類や内容、事業者選択が行われる契約制度に転換されました。
　また、民間事業者や非営利組織など多様な主体の参入を認め、サービスの供給量の拡大と利用者によるサービスの選択の幅を広げました。

（2）社会保険方式の採用

　高齢者数の増加とともに増大する介護費用を、将来にわたって安定的に確保するため、保険料負担と給付・サービスとの対応関係が明確な「社会保険方式」が採用されました。

（3）地方分権的な制度

　介護保険制度の実施運営にあたる「保険者」は市町村とされ、3年を1期とする介護保険事業計画を策定し、それを賄う保険料を設定することとされました。

（4）医療と福祉の統合

　従来の福祉サービスと医療保険制度や老人保健法（現・高齢者の医療の確保に関する法律）によって給付されてきたサービスが統合され、給付のメニューとして位置づけられました。

（5）要介護認定とケアマネジメント

　要支援から要介護5まで要介護度の基準を設け、サービスの利用希望者は全国一律の基準に基づいた要介護認定を受けることが求められました。要介護度に応じて、利用可能なサービスが定められ、居宅サービスについては利用限度基準額が設定されました。そのうえで、サービスの利用はケアプラン（介護サービス計画）にしたがって行われ、ケアマネジメントを行う介護支援専門員（ケアマネジャー）の資格が創設されました。

図表1-2●利用者から見た従前の制度と介護保険制度の違い

従前の制度	介護保険制度（改正当時）
①　行政窓口に申請し、市町村がサービスを決定。	利用者が自らサービスの種類や事業者を選んで利用。
②　医療と福祉に別々に申し込み。	介護サービスの利用計画（ケアプラン）を作って、医療・福祉のサービスを総合的に利用。
③　市町村や公的な団体（社会福祉協議会など）中心のサービスの提供。	民間企業、農協、生協、NPOなど多様な事業者によるサービスの提供。
④　中高所得者にとって利用者負担が重く、利用しにくい。 例：世帯主が年収800万円の給与所得者、老親が月20万円の年金受給者の場合 ○特別養護老人ホーム　月　19万円 ○ホームヘルパー　1時間　950円	所得にかかわらず、1割の利用者負担。 例：世帯主が年収800万円の給与所得者、老親が月20万円の年金受給者の場合 ○特別養護老人ホーム　月　5万円 ○ホームヘルパー　30分〜1時間　400円

出所：厚生労働省の資料をもとに作成

2 介護保険サービスの概要

1 介護保険サービスの分類

　介護保険サービスは、要介護認定の結果、要介護と認定されるか要支援と認定されるかに加え、指定・監督が都道府県か市町村かによって、**図表1-3**のように分類されます。介護予防訪問介護および介護予防通所介護は2015（平成27）年度から2017（平成29）年度にかけて、要介護認定外の高齢者への介護予防事業とあわせて、介護予防日常生活支援総合事業（総合事業）に移行しました。

図表1-3●介護保険サービスの分類

市町村が指定・監督を行うサービス	都道府県が指定・監督を行うサービス
介護給付を行うサービス	地域密着型サービス ○定期巡回・随時対応型訪問介護看護 ○夜間対応型訪問介護 ○認知症対応型通所介護 ○地域密着型通所介護 ○小規模多機能型居宅介護 ○看護小規模多機能型居宅介護 ○認知症対応型共同生活介護 ○地域密着型特定施設 　入居者生活介護 ○地域密着型介護老人福祉施設 　入所者生活介護 居宅介護支援	居宅サービス 【訪問サービス】 ○訪問介護 ○訪問入浴介護 ○訪問看護 ○訪問リハビリテーション ○居宅療養管理指導 ○特定施設入居者生活介護 【通所サービス】 ○通所介護 ○通所リハビリテーション 【短期入所サービス】 ○短期入所生活介護 ○短期入所療養介護 ○福祉用具貸与 ○特定福祉用具販売

※都道府県が指定・監督を行うサービスは、すべての政令指定都市と権限移譲を受けた一部の都市も指定・監督を行う。

介護給付を行うサービス		施設サービス ○介護老人福祉施設 ○介護老人保健施設 ○介護医療院 ○介護療養型医療施設
介護予防給付を行うサービス	地域密着型介護予防サービス ○介護予防認知症対応型通所介護 ○介護予防小規模多機能型居宅介護 ○介護予防認知症対応型 　共同生活介護 介護予防支援	介護予防サービス 【訪問サービス】 ○介護予防訪問入浴介護 ○介護予防訪問看護 ○介護予防訪問リハビリテーション ○介護予防居宅療養管理指導 ○介護予防特定施設入居者生活介護 【通所サービス】 ○介護予防通所リハビリテーション 【短期入所サービス】 ○介護予防短期入所生活介護 ○介護予防短期入所療養介護 ○介護予防福祉用具貸与 ○特定介護予防福祉用具販売

出所：厚生労働省の資料をもとに作成

2 介護保険サービスの内容

　それぞれのサービスの概要は、**図表1-4**のとおりです。

　2018（平成30）年度から、訪問介護、通所介護、短期入所生活介護の３つのサービスは、障害福祉サービスでの類似のサービスを同一の事業所で実施する場合、共生型訪問介護、共生型通所介護、共生型短期入所生活介護といった「共生型サービス」として、指定を受けられることになりました。

図表1-4●介護保険サービスの概要

区分	サービスの種類	サービスの内容	予防給付の有無
居宅サービス	訪問介護（ホームヘルプ）	訪問介護員（ホームヘルパー）等が利用者宅を訪問して、入浴、排せつ、食事等の介護や、その他の日常生活上の支援・世話を行うサービスです。	×
	訪問入浴介護	利用者の居宅（自宅）を車で訪問し、組み立て式の浴槽を提供して入浴の介護を行うサービスです。	○
	訪問看護	通院が困難な利用者に対して、医師の指示に基づく訪問看護計画を作成し、保健師、看護師、准看護師または理学療法士、作業療法士もしくは言語聴覚士が、訪問看護計画に基づいて居宅を訪問し、療養上の世話や必要な診療の補助を行います。	○
	訪問リハビリテーション	通院が困難な利用者に対して、計画的な医学的管理を行っている医師の指示に基づき理学療法士、作業療法士または言語聴覚士が、利用者の居宅を訪問して療養上のサービスを行います。	○
	居宅療養管理指導	通院が困難な利用者に対し、医師または歯科医師、ないしは医師または歯科医師の指示に基づき薬剤師、看護師、准看護師、管理栄養士が、居宅（自宅）を訪問し、計画的かつ継続的な医学管理または歯科医学的管理に基づいて指定居宅支援事業者（介護予防の場合は地域包括支援センター）その他の事業者に対する居宅サービス計画の策定等に必要な情報提供（利用者の同意を得て行うものに限る）ならびに利用者もしくはその家族等に対する居宅サービスを利用する上での留意点、介護方法等についての指導および助言を行うサービスです。	○
	通所介護（デイサービス）	デイサービスセンター等の施設で、居宅からの送迎、入浴や食事その他の日常生活に必要な世話、機能訓練を行うことにより、利用者の社会的孤立感の解消および心身の機能の維持ならびに利用者の家族の身体的および精神的負担の軽減を図るサービスです。	×
	通所リハビリテーション（デイケア）	通所リハビリテーションは、デイケアともいい、通所介護とはその目的が異なっています。一般的に医療系の施設（介護老人保健施設、介護医療院や病院、診療所等）に併設され、理学療法士・作業療法士などの専門スタッフが配置され、リハビリテーションを通じて心身機能の維持回復を図ることに重点が置かれています。	○
	短期入所生活介護（ショートステイ）	短期間、施設（介護老人福祉施設等）に入所して入浴、排せつ、食事等の介護その他の日常生活上の世話および機能訓練を行って、利用者の心身の機能の維持を図るとともに、居宅の介護者である利用者の家族の身体的および精神的負担の軽減を図るサービスです。	○
	短期入所療養介護（ショートステイ）	短期間、施設（介護老人保健施設、介護医療院等）に入所して看護、医学的管理の下における介護および機能訓練その他必要な医療ならびに日常生活上の世話および機能訓練を行うとともに、居宅の介護者である利用者の家族の身体的および精神的負担の軽減を図るサービスです。	○
	居宅介護支援介護予防支援	介護サービスその他の保健医療サービスや福祉サービスを利用者が適切に利用できるように、要介護者である利用者の依頼を受けて、介護支援専門員（ケアマネジャー）が行う利用者の自立した日常生活の支援です。介護支援専門員は、利用者の解決すべき課題の把握（アセスメント）や、居宅介護サービス計画（ケアプラン）の作成、サービスの実施状況の把握（モニタリング）、給付管理業務、サービス事業者との連絡調整等を行います。	○
	特定施設入居者生活介護	有料老人ホーム、軽費老人ホーム、ケアハウス等で、入浴、排せつ、食事等の介護その他の日常生活上の世話、機能訓練および療養上の世話を行います。	○

居宅サービス	福祉用具貸与	車いすやベッド等、在宅での介護に必要な福祉機器や用品を貸与するとともに、必要な場合には使用方法の指導、修理等を行うサービスです。対象品目は下記の通りです。 (1)車いす、(2)車いす付属品、(3)特殊寝台（介護用ベッド等）、(4)特殊寝台付属品、(5)床ずれ防止用具（エアーマット等）、(6)体位変換器（起き上がり補助用具を含む）、(7)手すり、(8)スロープ、(9)歩行器、(10)歩行補助つえ、(11)認知症老人徘徊感知機器（離床センサーを含む）、(12)移動用リフト（つり具の部分を除く）（階段移動用リフトを含む）、(13)自動排せつ処理装置（特殊尿器。本体部のみ。カップ、吸引用ホースなどを除く） ※要支援1～2、要介護1の場合、(1)～(6)および(11)(12)については給付対象外。ただし必要と認められる場合には、例外的に対象となります。(13)については、尿のみを吸引するタイプは要支援1から、尿・便両方を吸引できるタイプは要介護4以上が対象。ただし必要と認められる場合には、例外的に対象となります。	○
	特定福祉用具販売	貸与になじまない入浴や排せつのための福祉用具の購入費を支給します。対象品目は下記の通りです。(1)腰掛便座、(2)自動排せつ処理装置（特殊尿器）のカップ、ホース部など消耗品、(3)入浴補助用具（入浴用介助ベルトを含む）、(4)簡易浴槽、(5)移動用リフトのつり具の部分 ※年間の上限10万円まで。指定事業者で購入した場合のみ対象となります。	○
	住宅改修費の支給	住み慣れた自宅での暮らしを可能とすることを目的として、日常生活の自立を助けたり、介護者の負担を軽くしたりするための住宅改修工事の費用を支給します。対象工事は下記の通りです。(1)手すりの取り付け、(2)段差の解消、(3)滑りの防止および移動の円滑化等のための床または通路面の材料の変更、(4)引き戸等への扉の取り替え、(5)洋式便器等への便器の取り替え、(6)その他(1)から(5)の住宅改修に付帯して必要となる住宅改修 ※要介護者一人につき上限20万円まで。原則として同一住宅について、改修は一人1回限り。事前に申請することが必要（1回の改修で20万円を使い切らずに、数回に分けて使うこともできます）。	○
施設サービス	介護老人福祉施設（特別養護老人ホーム）	入所対象者は、身体上または精神上著しい障害があるため常時介護を必要とし、在宅介護が困難な要介護者です。施設に常勤の介護支援専門員が作成した施設サービス計画に基づきサービスが行われます。	×
	介護老人保健施設（老人保健施設）	施設に入所した要介護者に対して看護、医学的管理下での介護、機能訓練等の必要な医療、日常生活の世話を行うものです。これらのサービスは、施設に常勤の介護支援専門員が作成した施設サービス計画に基づき行われます。 入所対象者は、病状が安定期にあり上記の各サービスを必要とする要介護者です。施設では在宅の生活への復帰をめざしサービスを提供し、在宅での生活ができるかを定期的に検討して記録します。	×
	介護医療院	長期にわたる療養を必要とする要介護者の療養・生活施設で、施設サービス計画に基づき、療養上の管理、看護、医学的管理下における介護などの世話および機能訓練その他必要な医療と日常生活上の世話を行います。2018年度に創設されたサービスです。	×
	介護療養型医療施設（療養病床）	病院・診療所の療養病床等の介護保険適用部分に入院した要介護者に対して、療養上の管理、看護、医学的管理下の介護等の世話、機能訓練等の必要な医療を行うものです。サービスは施設に常勤の介護支援専門員が作成した施設サービス計画に基づき行われます。 入院の対象者は、病状が安定期にある長期療養患者であって、上記のサービスを必要とする要介護者です。医師は、医学的に入院の必要性がないと判断した場合には退院を指示し、本人や家族に適切な指導を行うとともに、退院後の主治医や居宅介護支援事業者等との密接な連携に努めます。 ※2023年末に廃止の予定です。	×

地域密着型サービス	定期巡回・随時対応型訪問介護看護（24時間対応型訪問サービス）	2012年度創設された新サービスです。日中・夜間を通じて1日複数回の定期訪問と随時の対応を介護・看護が一体的に、または密接に連携しながら提供するサービスを受けることができます。	×
	夜間対応型訪問介護	夜間における定期的な訪問介護員等の巡回または通報による訪問により、利用者の排せつの介護、日常生活上の緊急時の対応その他の援助を行うものです。	×
	認知症対応型通所介護	認知症高齢者を対象として、居宅からの送迎、簡単な健康チェック、食事、排せつ、入浴等、日帰りで日常生活上の世話を行うほか、簡単な機能訓練等を行います。	○
	地域密着型通所介護	要介護者に老人デイサービスセンターなどに通ってきてもらい、入浴、排泄、食事などの介護、その他の日常生活上の世話や機能訓練を行います（利用定員が18人以下であるものにかぎり、認知症対応型通所介護に該当するものを除く）。定員18人以下の通所介護が、2016年4月から地域密着型サービスに移行したものです。 ※療養通所介護（地域密着型通所介護の一類型） 難病やがん末期の要介護者など、医療ニーズと介護ニーズを併せ持つ中重度要介護者等の在宅生活継続のための支援強化のため、医療機関、訪問看護等と連携する通所サービスを提供します（2016年4月より地域密着型サービスに分類）。	×
	小規模多機能型居宅介護	小規模多機能型居宅介護サービスは、身近な事業所で入浴や食事その他の日常生活に必要な世話を行う「通い」のサービスのほか、利用者の状態や希望に応じ、随時「訪問」や「泊まり」のサービスを組み合わせて提供します。サービスは利用する事業所の介護支援専門員が作成する介護計画に基づき提供されます。	○
	看護小規模多機能型居宅介護	2012年度創設された新サービスです。従来の小規模多機能型居宅介護に訪問看護を組み合わせて、複数のサービスを一つの事業所が一体的に提供します。	×
	認知症対応型共同生活介護（グループホーム）	認知症の高齢者が5〜9人以下で共同生活をする住居で、認知症対応型共同生活介護計画に基づき、家庭的な環境と地域住民との交流のもとで、入浴、排せつ、食事等の介護や、その他の日常生活上の支援・世話、機能訓練を行うものです。	○
	地域密着型特定施設入居者生活介護	入居者生活介護定員29人以下の有料老人ホーム（軽費老人ホームを含む）の入居者に対し、入浴、排せつ、食事等の介護や、日常生活上の支援・世話、機能訓練を行います。	×
	地域密着型介護老人福祉施設入所者生活介護	入所者生活介護定員29人以下の小規模な介護老人福祉施設の入所者に対して、入浴、排せつ、食事等の介護や、日常生活上の支援・世話、機能訓練を行います。	×

著者作成

3　介護サービス事業所の推移

　WAMNET「介護サービス施設・事業所調査（厚生労働省）」等に掲載された資料をもとに、2000（平成12）年から2016（平成28）年までの各年の主な介護保険サービスの事業所数の推移を示すと**図表1-5**のようになります。

図表1-5●主な介護保険サービス事業所数の推移

サービスの種類	2000年4月	2001年4月	2002年4月	2003年4月	2004年4月	2005年4月	2006年4月	2007年4月	2008年4月	2009年4月	2010年4月	2011年4月	2012年4月	2013年10月	2014年10月	2015年10月	2016年10月	2017年10月	2018年10月	2019年10月
訪問介護	11,475	13,620	15,260	17,592	20,849	24,795	26,599	27,602	26,955	26,741	27,476	28,782	30,437	32,761	33,911	34,823	35,013	35,311	35,111	34,825
訪問入浴介護	2,431	2,838	2,846	2,887	2,945	2,916	2,837	2,695	2,449	2,407	2,391	2,434	2,442	2,344	2,262	2,190	2,077	1,993	1,885	1,790
通所介護	7,133	8,787	10,131	11,670	14,041	17,245	19,973	21,615	22,844	24,188	26,261	28,949	32,400	38,127	41,660	43,406	23,038	23,597	23,861	24,035
地域密着型通所介護	－	－	－	－	－	－	－	－	－	－	－	－	－	－	－	－	21,063	20,492	19,963	19,858
通所リハビリテーション	4,594	5,591	5,691	5,828	5,969	6,238	6,330	6,591	6,659	6559	6599	6536	7023	7,047	7,284	7,515	7,638	7,915	8,142	8,318
短期入所生活介護	4,080	4,825	5,077	5,330	5,649	6,115	6,530	7,019	7,395	7,653	7,871	8,174	8,683	9,445	10,251	10,727	10,925	11,205	11,434	11,566
短期入所療養介護	5,031	6,585	6,667	6,797	6,823	6,884	6,588	6,298	5,972	5,789	5,710	5,659	5,663	5,377	5,382	5,348	5,331	5,359	5,316	5,328
特定施設入居者生活介護	235	313	412	551	800	1,285	1,744	2,585	2,896	3,047	3,281	3,551	3,834	4,197	4,452	4,679	4,858	5,010	5,198	5,328
福祉用具貸与	3,241	5,067	5,968	6,902	7,937	8,692	9,043	8,743	8,053	7,319	7,166	7,316	7,516	7,864	7,961	8,056	8,030	8,012	7,866	7,651
居宅介護支援	20,995	22,180	23,590	25,290	27,481	30,390	31,996	32,462	31,973	31,907	32,346	33,564	35,090	37,540	38,837	40,127	40,686	41,273	40,956	40,118
介護老人福祉施設	4,085	4,592	4,792	4,978	5,204	5,478	5,677	5,898	6,054	6,134	6,207	6,303	6,464	6,754	7,249	7,551	7,705	7,891	8,097	8,234
介護老人保健施設	2,160	2,739	2,838	2,942	3,078	3,270	3,353	3,461	3,526	3,603	3,688	3,763	3,865	3,993	4,096	4,189	4,241	4,322	4,335	4,337
介護医療院	－	－	－	－	－	－	－	－	－	－	－	－	－	－	－	－	－	－	62	245
認知症対応型共同生活介護	418	1,030	1,839	2,944	4,787	6,645	7,666	8,938	9,576	9,946	10,404	11,180	11,767	12,048	12,497	12,983	13,069	13,346	13,618	13,760
小規模多機能型居宅介護	－	－	－	－	－	－	－	703	1,547	2,056	2,438	2,994	3,602	4,230	4,630	4,969	5,125	5,342	5,469	5,502

出所：WAM NET、厚生労働省の資料をもとに作成

（1）居宅サービス事業所数の推移

　居宅サービス、とりわけ訪問介護、訪問入浴介護、福祉用具貸与事業所に、2006（平成18）年度の介護保険制度改正と報酬改定が大きな影響を及ぼしたことがよくわかります。

　特に福祉用具貸与については、2006年4月時点の9,043事業所から2010（平成22）年4月には7,166事業所と20パーセント以上減少しました。2006年度介護報酬の改定で、要支援者（要支援1・要支援2）および要介護1の者に対する特殊寝台、車いす等の貸与が介護保険の対象外となったことが大きな要因と思われます。

　訪問介護事業所も、右肩上がりで増加していたものがいったん減少

し、2011（平成23）年からは通所介護事業所数を下回ることになりました（**図表1−6**）。これも2006年度からの予防給付の導入が大きな要因です。

　さらに大きな変化が見られたのが通所介護事業所です。2015年度の介護保険制度改革によって、定員が18名以下の事業所が地域密着型通所介護というカテゴリーに変更されました。それによって、はじめて前年（43,406か所）を下回る事業所数（23,038か所）になりました（「介護サービス施設・事業所調査」厚生労働省）。それでも、通所介護事業所と地域密着型通所介護事業所を合計すると44,101か所と、なんとか前年割れはしていませんでした。

　それに追い打ちをかけたのが、2015年度の介護報酬改定です。小規模型通所介護の基本報酬が10％近く引き下げられました。その結果、通所介護事業所と地域密着型通所介護事業所の合計数は、2017年3月の時点で43,399か所と、前年3月の43,440か所から41か所少なくなっていることが分かりました（「介護給付費等実態調査」厚生労働省）。

　これは、小規模な事業所が、制度創設以来はじめて減少に転じ、その減り幅が大きかった（2016年3月：23,763か所⇒2017年3月：20,182か所）ためです。

　その後、通所介護事業所は微増、地域密着的介護事業所は微減傾向が続いています。

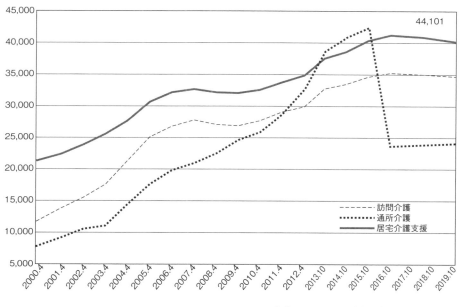

図表1-6●訪問介護・通所介護・居宅介護支援の事業所数の推移

出所：WAM NET、厚生労働省の資料をもとに作成

（2）施設・居住系サービス事業所数の推移

施設系サービスは、着実に増加しています（**図表1-7**）。

また、特定施設入居者生活介護や認知症対応型共同生活介護といっ
た居住系サービスについては、大幅な伸びを示しています。

図表1-7●特定施設入居者生活介護・認知症対応型共同生活介護・介護老人福祉施設・介護老人保健施設の推移

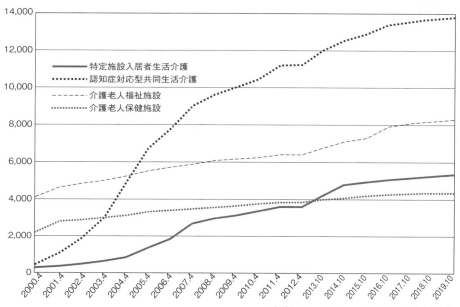

出所：WAM NET、厚生労働省の資料をもとに作成

（3）訪問看護事業所数の動向

　訪問看護は、医療と介護の連携の要といわれています。事業所数は伸び悩んでいましたが、訪問看護ステーションの数は近年の増加が著しいです。訪問看護を行う病院・診療所は、医療保険で実施する病院・診療所が多く、介護保険を算定する病院・診療所は減少傾向です。

　訪問看護ステーション数は10,000を超え（2019〔平成31〕年）であり、予防を含む介護保険の訪問看護の利用者数は約54万人／月強です（**図表1-8**）。

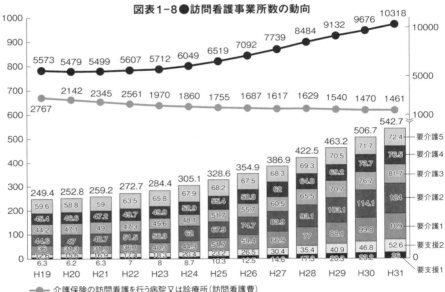

図表1-8●訪問看護事業所数の動向

介護保険の訪問看護を行う病院又は診療所（訪問看護費）
介護保険の訪問看護を行う訪問看護ステーション（訪問看護費）

出所：厚生労働省の資料をもとに作成

3 サービス提供と報酬請求の仕組み

1 介護保険サービス提供の流れ

　利用者が介護保険サービスないし介護予防・日常生活支援総合事業（総合事業）を利用するまでの流れは、**図表1-9**のようになっています。

図表1-9 ●介護サービス提供までの流れ

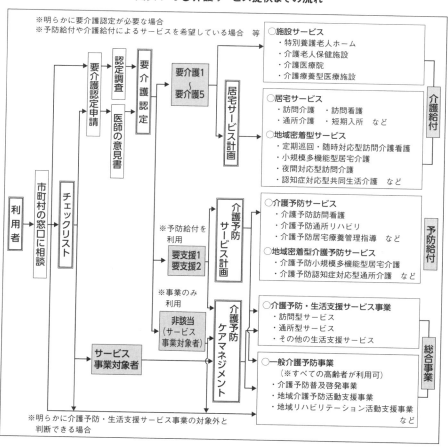

出所：厚生労働省の資料をもとに作成

①市区町村へ申請する

本人や家族などが、申請書を窓口に提出します。

②訪問調査を受ける

市区町村の担当職員などが、介護を必要とする人の心身の状況を把握するために、家庭を訪問します。

③介護認定審査会で審査を受ける

訪問調査の結果（一次判定）と主治医の意見書に基づいて、介護認定審査会が審査し、要介護度の判定（自立、要支援1～2、要介護1～5の8段階）を行います。

④認定結果の通知を受ける

判定結果と審査会の意見が、原則として申請後30日以内に郵送で通知されます。なお、判定結果に不服がある場合には不服申立てができます。また、通知を受けたあとに心身の大きな変化があった場合には、再申請をすることも可能です。

⑤サービスを選択・決定する

要支援、要介護と認定された人は、介護保険サービスの中から、自分に合った介護・介護予防サービスを選んで決めることができます（要支援者は施設サービスを利用することはできません）。

ケアプランの作成等のケアマネジメント費用には1割の利用者負担がなく、全額が保険でまかなわれ、ケアマネジャーの選択も利用者が自分で行います。

2 介護報酬の請求の仕組み

介護サービスを提供すれば、それに対しての報酬を請求しなければ

なりません。介護事業を円滑に運営し、効率を高めるためには、この事務作業を効率化することが重要といえるでしょう。

（1）介護報酬の計算方法

　介護サービスは、提供したサービス内容に応じて報酬が決定されます。その報酬の具体的な金額は、介護給付費単位数表の該当する単位数に、1単位あたりの単価を乗じて算出する形をとっています。

　この1単位の単価は10円が基本となっていますが、サービスの種類や事業所の所在地域における人件費等の差を考慮するため、国家公務員の地域手当の地域割りに準拠し、全国を8つの地域（その他の地域に加え、1級地から7級地）に区分し、地域区分により割増を行っています。

　このように計算された介護報酬の額に、保険給付率である90％を乗じた額が、保険給付額となります。この保険給付額を事業者や施設は、利用者に提供したサービスの報酬として国民健康保険団体連合会（国保連）に請求します。

（2）介護報酬の額

　通常は9割が保険給付として支払われる介護報酬は、すべて算定基準という決まりに従って計算されています。これについては、介護給付費単位数表で確認することが可能です。ただし、ここで設定されている介護報酬の額は最高額であるので、それ以上の価格でサービスを提供することはできません。反対に、訪問看護やリハビリテーションのような医療を含んだサービスを提供する場合はサービスの質の低下を防ぐため、割引することも禁止されています。

（3）介護報酬はどのように請求するのか

　介護給付費の請求は、事業所・施設のある都道府県の国民健康保険団体連合会に対して行います。その際、通常は伝送や磁気媒体を利用して請求を行う形になりますが、やむを得ない場合は紙による請求で

も可能です。

　ただし、これらの請求媒体については、事業所が指定を受ける際に
どのような形式で請求するのかをあらかじめ届け出ておく必要があり
ます。

（4）介護報酬の請求の流れ

　介護報酬の請求は**図表1-10**のように行われます。

図表1-10●介護報酬の請求の流れ

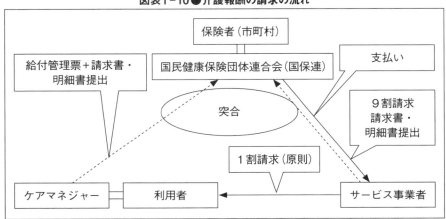

著者作成

①利用者に1割請求

　サービスを提供した事業者は、提供サービスの対価のうち、介護保
険の対象となっている部分と保険の対象外のものとに区分します。介
護保険の給付対象部分に関しては、9割（一部の人は8割または7割）
が保険給付されますから、残りの分を自己負担分として、利用者に直
接請求することになります。一方、当然ながら、保険対象外のものに
関しては全額利用者に請求します。

　なお、保険対象のサービスであっても、保険対象外のものであって
も利用者から支払いを受けた場合は、必ず具体的な提供サービス内容
を明記した領収書を発行しなければなりません。

②市町村に9割（8割または7割）請求

　サービス提供事業者は、介護保険給付対象部分の費用のうち、利用

者に請求した費用を除いた残りの9割（8割または7割）を保険者である市町村に請求します。ただし、市町村は、保険給付の支払いを国民健康保険団体連合会に委託している場合がほとんどなので、実際の請求は市町村ではなく、国民健康保険団体連合会に行うことになります。

　請求は、介護給付費請求書と介護給付費明細書を国民健康保険団体連合会に伝送します。請求は、サービスを提供した月の翌月10日までに行います。10日を過ぎると、翌月の請求扱いとなります。

③国民健康保険団体連合会の審査

　国民健康保険団体連合会は、提出された請求書や明細書を審査します。これらの帳票に不備があれば、請求書等が差し戻されたり、請求金額よりも少ない額で支払いが行われたりします。ですから、帳票等を作成するにあたっては細心の注意が必要となるのです。

④介護報酬の支払い

　国民健康保険団体連合会は、事業者から提出された請求書、明細書に不備がないことを確認したのち、利用者の住所のある市町村に、介護報酬を請求し、その支払いを受けて、事業者に介護報酬を支払うという形になります。

　このような流れで、事業者がサービスを提供してから支払いを受けるまで、約2か月かかります。

（5）国民健康保険団体連合会の審査と対応

　国民健康保険団体連合会は、事業所から提出された請求書・明細書について点検、審査を行います。点検箇所は、事業所や施設、利用者の受給資格、請求書・明細書の記載方法などとなります。それらに不備があった場合、返戻・査定といった処置がとられ、その場合は請求月の翌月初旬に事業者に対して通知します。

　返戻とは、請求書・明細書を差し戻すことであり、主に不備のある

請求書・明細書になされます。当然、その場合は当該月の介護報酬の支払いはなされません。返戻があった場合、事業所・施設は請求内容を確認し、修正して再請求を行います。

　査定とは請求額よりも減額されての報酬支払いを意味します。

　査定は、

　①在宅サービスの場合、事業所のサービス種類ごとの請求単位数が給付管理票に計画されている単位数を超過したとき、

　②施設サービスの場合、介護老人保健施設や介護療養型医療施設等での医療部分の請求が適正でないとき、

　に行われます。これらの場合も事業所や施設は請求内容を確認し、修正して再請求を行います。

　このように、請求書類の不備の多発は介護報酬が事業所に支払われない、または減額されることを意味します。また、前述したように請求書類の不備については、請求月の翌月初旬に結果が通知されるため、再請求を急いで行ったとしても支払いは通常より1月遅れることになります。効率よく介護報酬の請求を行い、ミスを最小限におさえないと、資金繰りにも大きな影響を与えます。

（6）実際の請求書・明細書の記入方法

　介護報酬を請求するには、まず請求書と明細書を作成しなければなりません。

　請求書は、各事業所ごとに1か月1枚、明細書は1か月ごと、利用者ごとに原則1枚となります。

　請求書、明細書はそれぞれ形式が決まっています。明細書に関しては、様式が全部で9種類もあり、提供したサービス内容によって使用する形式も変わります。

　それぞれの記入項目としては、請求書では利用者全員の利用額合計、保険請求額合計、利用者負担額合計、公費利用額合計などになります。要するに、1か月ごとの総括票となっているのです。

　一方、明細書には、利用者の氏名、要介護状態などの個人情報のほ

か、提供したサービスの詳細な内容や提供回数、サービスコード表に定められたサービスコードと単位数、保険請求額や利用者に請求すべき額を計算し、記入します。

（7）介護保険給付対象外のサービス内容の扱いかた

　提供するサービスの内容によっては、保険給付の対象外となっているものもあります。これらのサービス内容にかかわる費用は、利用者が全額負担することになります。

　よって、保険給付対象外のサービス内容を把握しておかないと、保険請求ができないにもかかわらず、国民健康保険団体連合会に請求してしまったり、逆に保険給付対象になっているサービス内容であるにもかかわらず、利用者に再度請求してしまったりというミスが起きることになります。

問題 1　わが国の介護保険制度について述べている以下の文章の空欄にあてはまる適切な語句を、選択肢ア．～コ．の中から選びなさい。

　介護保険制度の導入は、急速な高齢化の進展のもと、それまでの老人福祉法における措置制度から（　①　）制度へと転換が図られ、総合的・効率的なサービス提供を実現するとともに、利用者による（　②　）の幅を広げました。また、給付と（　③　）の対応関係を明確にし、将来の介護費用を安定的に確保するため、高齢者本人を（　④　）、市町村を保険者とする（　⑤　）方式を採用した地方分権的な制度のさきがけともいわれています。

[選択肢]

ア．社会保障　　イ．保護　　ウ．税　　エ．社会保険　　オ．被保険者

カ．契約　　キ．負担　　ク．支給　　ケ．市場　　コ．選択

問題 2　介護サービス事業所について、以下の選択肢のうち正しいものを１つ選びなさい。

① 2000（平成12）年から現在まで、訪問介護事業所数は右肩上がりを続けています。

② 介護療養型医療施設は、2017年（平成29）年度末で廃止され、すべて介護医療院に転換されました。

③ 特別養護老人ホームは、居住費の利用者負担導入の結果、2006（平成18）年度においては施設数が減少しました。

④ 2012（平成24）年度から創設された新サービス「定期巡回・随時対応型訪問介護看護」と「看護小規模多機能型居宅介護」は、ともに地域密着型サービスに位置づけられています。

⑤ 夜間対応型訪問介護と認知症対応グループホームでは、要支援の利用者の利用は認められていません。

解答1　①—カ、②—コ、③—キ、④—オ、⑤—エ

解説1　出題の意図：介護保険制度の意義と特徴についての基本的な理解を確認するものです。

　　介護保険制度の導入は、急速な高齢化の進展のもと、それまでの老人福祉法における措置制度から（契約）制度へと転換が図られ、総合的・効率的なサービス提供を実現するとともに、利用者による（選択）の幅を広げました。また、給付と（負担）の対応関係を明確にし、将来の介護費用を安定的に確保するため、高齢者本人を（被保険者）、市町村を保険者とする（社会保険）方式を採用した地方分権的な制度のさきがけともいわれています。

解答2　④

解説2　出題の意図：介護サービス事業所の推移と概要を問うものです。

①×　訪問介護事業所数は、2018（平成30）年以降、伸び悩み、減少傾向を示しました。

②×　介護療養型医療施設の廃止期限は、2023年度末に延長されました。

③×　特別養護老人ホームの施設数は、右肩上がりです。

④○　選択肢のとおり。

⑤×　認知症対応グループホームでは、要支援の利用者に対する介護予防認知症対応型共同生活介護が認められています。

第2章
介護サービス事業の基礎知識
1 介護サービス事業所の要件

介護サービス事業所の要件

1 介護サービス事業の要件

　介護保険サービスは、利用者が居宅（自宅）に居住しているか、介護サービスを実施する場所に居住しているかの違いにより、居宅介護サービスと施設・居住系介護サービスに区分されます（**図表1−3**参照）。

　介護保険サービスを提供する事業体は、1つのサービスのみを提供するところは少なく、多くは、複数の事業を提供していますが、介護保険制度では、事業ごとにサービスを実施するための人員や設備などの要件が厳格に定められています。

　以下、介護保険サービスを提供する事業としての基本的な要件を、介護保険法、基準省令などに基づいて、サービスごとに解説していきます。

　無味乾燥に思える法令ですが、基本法令である介護保険法はもちろん、各種の法令や通知などに則った事業運営ができなければ、指導や勧告から報酬返還、はては指定取り消しというペナルティまで受けることもあります。

　一方、法令等を熟知し、改正の意味や内容を先取りする力があれば、事業や利用者に、大きな利益をもたらすことになります。原典、原文にあたって確認することをこころがけてください。

2021年度改正において追加された主な基準上の義務規定

○感染症対策の強化（全サービス）

介護サービス事業者に、感染症の発生及びまん延等に関する取組の徹底を求める観点から、以下の取組を義務づける。施設系サービスについて、現行の委員会の開催、指

針の整備、研修の実施等に加え、訓練（シミュレーション）の実施・その他のサービスについて、委員会の開催、指針の整備、研修の実施、訓練（シミュレーション）の実施等を義務付ける（３年間の経過措置期間を設ける）。

〇業務継続に向けた取組の強化（全サービス）

感染症や災害が発生した場合であっても、必要な介護サービスが継続的に提供できる体制を構築する観点から、全ての介護サービス事業者を対象に、業務継続に向けた計画等の策定、研修の実施、訓練（シミュレーション）の実施等を義務づける（３年間の経過措置期間を設ける）。

〇無資格者への認知症介護基礎研修受講義務づけ（全サービス（無資格者がいない訪問系サービス（訪問入浴介護を除く）、福祉用具貸与、居宅介護支援を除く））

認知症についての理解の下、本人主体の介護を行い、認知症の人の尊厳の保障を実現していく観点から、介護に関わる全ての者の認知症対応力を向上させていくため、介護サービス事業者に、介護に直接携わる職員のうち、医療・福祉関係の資格を有さない者について、認知症介護基礎研修を受講させるために必要な措置を講じることを義務づける（３年間の経過措置期間を設ける）。

〇高齢者虐待防止の推進（全サービス）

全ての介護サービス事業者を対象に、利用者の人権の擁護、虐待の防止等の観点から、虐待の発生・再発を防止するための委員会の開催、指針の整備、研修の実施、担当者を定めることを義務づける（３年間の経過措置期間を設ける）。

〇介護保険施設におけるリスクマネジメントの強化（施設系サービス）

介護保険施設における事故発生の防止と発生時の適切な対応（リスクマネジメント）を推進する観点から、事故報告様式を作成・周知する。施設系サービスにおいて、安全対策担当者を定めることを義務づける。

〇ハラスメント対策の強化（全サービス）

介護サービス事業者の適切なハラスメント対策を強化する観点から、全ての介護サービス事業者に、男女雇用機会均等法等におけるハラスメント対策に関する事業者の責務を踏まえつつ、適切なハラスメント対策を求める。

2　訪問介護（図表２−１）

【定義】

●訪問介護

「訪問介護」とは、要介護者であって、居宅（老人福祉法（昭和38年法律第133号）第20条の６に規定する軽費老人ホーム、同法第29条第１項に規定する有料老人ホームその他の厚生労働省令で定める施設における居室を含む。）において介護を受けるもの（以下「居宅要介護者」という。）について、その者の居宅において介護福祉士その他政令で定める者により行われる入浴、排せつ、食事等の介護その他の日常生活上の世話であって、厚生労働省令で定めるもの（定期巡回・随時対応型訪問介護看護（第15項第２号に掲げるものに限る。）又は夜間

対応型訪問介護に該当するものを除く。）をいう。

（介護保険法第8条第2項）

　なお介護予防訪問介護については、市町村が地域の実情に応じて取り組みを行う介護予防・日常生活支援総合事業（以下、「総合事業」）へ2017（平成29）年度末までに移行されました。

【サービスの基本方針】

●訪問介護

　指定居宅サービスに該当する訪問介護の事業は、要介護状態となった場合においても、その利用者が可能な限りその居宅において、その有する能力に応じ自立した日常生活を営むことができるよう、入浴、排せつ、食事の介護その他の生活全般にわたる援助を行うものでなければならない。

（指定居宅サービス等の事業の人員、設備及び運営に関する基準第4条）

　なお、訪問介護は、身体介護と生活援助に区分されます。

　[参考]「訪問介護におけるサービス行為ごとの区分等について」（平成12年3月17日老計第10号厚生省老人保健福祉局老人福祉計画課長通知～平成30年3月30日一部改正）

身体介護とは、①利用者の身体に直接接触して行う介助サービス（そのために必要となる準備、後かたづけ等の一連の行為を含む）、②利用者のADL（摂食・着脱衣・排泄・移動など日常生活動作の能力）・IADL（買物・電話・外出などADLよりも高い自立した日常生活をおくる能力）・QOL（生活の質）や意欲の向上のために利用者と共に行う自立支援・重度化防止のためのサービス、③その他専門的知識・技術（介護を要する状態となった要因である心身の障害や疾病等に伴って必要となる特段の専門的配慮）をもって行う利用者の日常生活上・社会生活上のためのサービスをいう。
生活援助とは、身体介護以外の訪問介護であって、掃除、洗濯、調理などの日常生活の援助（そのために必要な一連の行為を含む）であり、利用者が単身、家族が障害・疾病などのため、本人や家族が家事を行うことが困難な場合に行われるもの。

図表2-1●人員・設備・運営基準

<table>
<tr><th colspan="2">申請者
要件</th><th colspan="3">法人</th></tr>
<tr><td></td><td>区分</td><td colspan="2">職種・資格</td><td>員数</td></tr>
<tr><td rowspan="4">人員基準</td><td rowspan="3">従業者</td><td>訪問介護員等</td><td>介護福祉士
実務者研修修了者
初任者研修修了者
生活援助従事者研修修了者
看護師および准看護師</td><td>常勤換算方法で2.5人以上（サービス提供責任者を含む）</td></tr>
<tr><td>サービス提供責任者</td><td>介護福祉士、実務者研修修了者、旧介護職員基礎研修課程修了者、旧訪問介護員1級課程修了者であって、専ら指定訪問介護の職務に従事するもの</td><td>利用者（前3月の平均値（新規指定の場合は推定数））が40人またはその端数を増すごとに1人以上。ただし、常勤が3人以上、専従が1人以上、業務の効率化等一定の条件を満たす場合、利用者50人に対して1人以上</td></tr>
<tr><td colspan="3">総合事業と一体的に実施する場合の基準緩和
●介護予防訪問介護に相当するサービスと一体的に実施する場合
　従前の介護予防訪問介護に相当するものとして市町村が定める第一号通所事業の人員基準を満たすことをもって、給付の基準を満たす。

●緩和した基準によるサービスと一体的に実施する場合
　要介護者への処遇に影響を与えないことを前提に、要支援者等については総合事業の基準による人員配置等を可能とする。</td></tr>
<tr><td>管理者</td><td></td><td>常勤専従1人（管理上支障がない場合、当該事業所の他職務、または同一敷地内の他事業所・施設の職務に従事可）</td></tr>
<tr><td>設備基準</td><td colspan="4">事業の運営を行うために必要な広さの専用区画
訪問介護の提供に必要な設備および備品等</td></tr>
<tr><td>運営基準上必要な主な書類</td><td colspan="4">サービスの提供の記録
訪問介護計画
運営規程
勤務表
苦情内容の記録
事故およびその処置の記録
従業者、設備、備品および会計に関する記録</td></tr>
</table>

著者作成

【生活援助従事者研修】

　生活援助従事者研修は、訪問介護の生活援助中心型のサービスの担い手を育成するために2018（平成30）年度から開始された研修です。カリキュラムは、初任者研修と同科目で構成され、時間数は59時間です。

3 訪問入浴介護・介護予防訪問入浴介護
（図表２-２）

【定義】
●訪問入浴介護

　「訪問入浴介護」とは、居宅要介護者について、その者の居宅を訪問し、浴槽を提供して行われる入浴の介護をいう。

　（介護保険法第８条第３項）

●介護予防訪問入浴介護

　「介護予防訪問入浴介護」とは、要支援者であって、居宅において支援を受けるもの（以下「居宅要支援者」という。）について、その介護予防を目的として、厚生労働省令で定める場合に、その者の居宅を訪問し、厚生労働省令で定める期間にわたり浴槽を提供して行われる入浴の介護をいう。

　（介護保険法第８条の２第２項）

【サービスの基本方針】
●訪問入浴介護

　指定居宅サービスに該当する訪問入浴介護の事業は、要介護状態となった場合においても、その利用者が可能な限りその居宅において、その有する能力に応じ自立した日常生活を営むことができるよう、居宅における入浴の援助を行うことによって、利用者の身体の清潔の保持、心身機能の維持等を図るものでなければならない。

　（指定居宅サービス等の事業の人員、設備及び運営に関する基準第

44条)

●介護予防訪問入浴介護

　指定介護予防サービスに該当する介護予防訪問入浴介護の事業は、その利用者が可能な限りその居宅において、自立した日常生活を営むことができるよう、居宅における入浴の支援を行うことによって、利用者の身体の清潔の保持、心身機能の維持回復を図り、もって利用者の生活機能の維持又は向上を目指すものでなければならない。

　(指定介護予防サービス等の事業の人員、設備及び運営並びに指定介護予防サービス等に係る介護予防のための効果的な支援の方法に関する基準第46条)

図表2-2●人員・設備・運営基準

申請者要件	法人		
	区分	職種・資格	員数
人員基準	従業者	看護師または准看護師	1人以上
		介護職員	2人以上

法人の員数欄（看護師または准看護師／介護職員をまたぐ）：常勤1人以上

申請者要件	法人		
人員基準	介護予防の指定を併せて受け、同一の事業所で一体的に運営されている場合、介護予防の人員に関する基準を満たすことをもって、基準を満たしているものとみなすことができる。		
人員基準	管理者		常勤専従1人(管理上支障がない場合、当該事業所の他職務、または同一敷地内の他事業所・施設の職務に従事可)
設備基準	事業の運営を行うために必要な広さの専用区画 訪問入浴介護の提供に必要な設備および備品等		
	介護予防の指定を併せて受け、同一の事業所で一体的に運営されている場合、介護予防の設備に関する基準を満たすことをもって、基準を満たしているものとみなすことができる。		
運営基準上必要な主な書類	サービスの提供の記録 運営規程 勤務表 消毒方法等についてのマニュアル 苦情内容の記録 事故およびその処置の記録 従業者、設備、備品および会計に関する記録		

著者作成

4 訪問看護・介護予防訪問看護（図表2-3）

【定義】
●訪問看護

「訪問看護」とは、居宅要介護者（主治の医師がその治療の必要の程度につき厚生労働省令で定める基準に適合していると認めたものに限る。）について、その者の居宅において看護師その他厚生労働省令で定める者により行われる療養上の世話又は必要な診療の補助をいう。

（介護保険法第8条第4項）

●介護予防訪問看護

「介護予防訪問看護」とは、居宅要支援者（主治の医師がその治療の必要の程度につき厚生労働省令で定める基準に適合していると認めたものに限る。）について、その者の居宅において、その介護予防を目的として、看護師その他厚生労働省令で定める者により、厚生労働省令で定める期間にわたり行われる療養上の世話又は必要な診療の補助をいう。

（介護保険法第8条の2第3項）

【サービスの基本方針】
●訪問看護

　指定居宅サービスに該当する訪問看護の事業は、要介護状態となった場合においても、その利用者が可能な限りその居宅において、その有する能力に応じ自立した日常生活を営むことができるよう、その療養生活を支援し、心身の機能の維持回復及び生活機能の維持又は向上を目指すものでなければならない。

（指定居宅サービス等の事業の人員、設備及び運営に関する基準第59条）

●介護予防訪問看護

　指定介護予防サービスに該当する介護予防訪問看護の事業は、その利用者が可能な限りその居宅において、自立した日常生活を営むことができるよう、その療養生活を支援するとともに、利用者の心身の機能の維持回復を図り、もって利用者の生活機能の維持又は向上を目指すものでなければならない。

　（指定介護予防サービス等の事業の人員、設備及び運営並びに指定介護予防サービス等に係る介護予防のための効果的な支援の方法に関する基準第62条）

図表2-3●人員・設備・運営基準
訪問看護ステーションの場合（その他、病院または診療所においても開設ができます）

申請者要件	法人		
	区分	職種・資格	員数
人員基準	従業者	保健師、看護師または准看護師	2.5人以上（常勤換算方法）常勤1人以上
		理学療法士、作業療法士または言語聴覚士	実情に応じた適当数
	介護予防の指定を併せて受け、同一の事業所で一体的に運営されている場合、介護予防の人員に関する基準を満たすことをもって、基準を満たしているものとみなすことができる。		
人員基準	管理者	保健師または看護師（やむを得ない場合はこの限りではない）適切な訪問看護を行うために必要な知識および技能を有する者	常勤専従1人（管理上支障がない場合、当該事業所の他職務、または同一敷地内の他事業所・施設の職務に従事可）
設備基準	設備基準事業の運営を行うために必要な広さの専用事務室（同一敷地内の他の事業所等と兼用する場合は必要な広さの専用区画）訪問看護の提供に必要な設備および備品等		
	介護予防の指定を併せて受け、同一の事業所で一体的に運営されている場合、介護予防の設備に関する基準を満たすことをもって、基準を満たしているものとみなすことができる。		
運営基準上必要な主な書類	サービスの提供の記録（介護予防）訪問看護計画書および（介護予防）訪問看護報告書運営規程勤務表苦情内容の記録事故およびその処置の記録従業者、設備、備品および会計に関する記録		

著者作成

5 訪問リハビリテーション・介護予防訪問リハビリテーション（図表2-4）

【定義】

●訪問リハビリテーション

　この法律において「訪問リハビリテーション」とは、居宅要介護者（主治の医師がその治療の必要の程度につき厚生労働省令で定める基準に適合していると認めたものに限る。）について、その者の居宅において、その心身の機能の維持回復を図り、日常生活の自立を助けるために行われる理学療法、作業療法その他必要なリハビリテーションをいう。

（介護保険法第8条第5項）

●介護予防訪問リハビリテーション

　この法律において「介護予防訪問リハビリテーション」とは、居宅要支援者（主治の医師がその治療の必要の程度につき厚生労働省令で定める基準に適合していると認めたものに限る。）について、その者の居宅において、その介護予防を目的として、厚生労働省令で定める期間にわたり行われる理学療法、作業療法その他必要なリハビリテーションをいう。

（介護保険法第8条の2第4項）

【サービスの基本方針】

●訪問リハビリテーション

　指定居宅サービスに該当する訪問リハビリテーションの事業は、要介護状態となった場合においても、その利用者が可能な限りその居宅において、その有する能力に応じ自立した日常生活を営むことができるよう生活機能の維持又は向上を目指し、利用者の居宅において、理学療法、作業療法その他必要なリハビリテーションを行うことにより、利用者の心身の機能の維持回復を図るものでなければならない。

　（指定居宅サービス等の事業の人員、設備及び運営に関する基準第

75条）

●介護予防訪問リハビリテーション

　指定介護予防サービスに該当する介護予防訪問リハビリテーションの事業は、その利用者が可能な限りその居宅において、自立した日常生活を営むことができるよう、利用者の居宅において、理学療法、作業療法その他必要なリハビリテーションを行うことにより、利用者の心身機能の維持回復を図り、もって利用者の生活機能の維持又は向上を目指すものでなければならない。

　（指定介護予防サービス等の事業の人員、設備及び運営並びに指定介護予防サービス等に係る介護予防のための効果的な支援の方法に関する基準第78条）

図表2-4●人員・設備・運営基準

申請者要件	病院または診療所の開設者（保険医療機関はみなし指定）		
人員基準	区分	職種・資格	員数
	従業者	理学療法士、作業療法士または言語聴覚士	1以上
		医師	専任常勤1人以上（病院等と兼務可）
	介護予防の指定を併せて受け、同一の事業所で一体的に運営されている場合、介護予防の人員に関する基準を満たすことをもって、基準を満たしているものとみなすことができる。		
設備基準	病院、診療所、介護老人保健施設または介護医療院 事業の運営を行うために必要な広さの専用区画 訪問リハビリテーションの提供に必要な設備および備品等		
	介護予防の指定を併せて受け、同一の事業所で一体的に運営されている場合、介護予防の設備に関する基準を満たすことをもって、基準を満たしているものとみなすことができる。		
運営基準	事業者は、リハビリテーション会議を開催し、リハビリテーションの観点から利用者の状況等に関する情報を担当者と共有し、利用者に適切なサービスを提供する。（介護予防も同様）		

運営基準上必要な主な書類	サービスの提供の記録
	（介護予防）訪問リハビリテーション計画
	運営規程
	勤務表
	苦情内容の記録
	事故およびその処置の記録
	従業者、設備、備品および会計に関する記録
	訪問・通所リハビリテーションの両方を同一の事業者が提供する場合、上記の記録物等の記載等については一定の条件下で、効率化した基準が認められている。

著者作成

　2018（平成30）年度介護報酬改定時に、「指定訪問リハビリテーションを実施するにあたり、リハビリテーション計画を作成することが求められており、この際に事業所の医師が診療する必要がある」ことから、医師の配置が必須となりました。

6 居宅療養管理指導・介護予防居宅療養管理指導（図表2-5）

【定義】

●居宅療養管理指導

「居宅療養管理指導」とは、居宅要介護者について、病院、診療所又は薬局（以下「病院等」という。）の医師、歯科医師、薬剤師その他厚生労働省令で定める者により行われる療養上の管理及び指導であって、厚生労働省令で定めるものをいう。

（介護保険法第8条第6項）

●介護予防居宅療養管理指導

「介護予防居宅療養管理指導」とは、居宅要支援者について、その介護予防を目的として、病院等の医師、歯科医師、薬剤師その他厚生労働省令で定める者により行われる療養上の管理及び指導であって、厚生労働省令で定めるものをいう。

（介護保険法第8条の2第5項）

【サービスの基本方針】

●居宅療養管理指導

　指定居宅サービスに該当する居宅療養管理指導の事業は、要介護状態となった場合においても、その利用者が可能な限りその居宅において、その有する能力に応じ自立した日常生活を営むことができるよう、医師、歯科医師、薬剤師、歯科衛生士又は管理栄養士が、通院が困難な利用者に対して、その居宅を訪問して、その心身の状況、置かれている環境等を把握し、それらを踏まえて療養上の管理及び指導を行うことにより、その者の療養生活の質の向上を図るものでなければならない。

（指定居宅サービス等の事業の人員、設備及び運営に関する基準第84条）

●介護予防居宅療養管理指導

　指定介護予防サービスに該当する介護予防居宅療養管理指導の事業は、その利用者が可能な限りその居宅において、自立した日常生活を営むことができるよう、医師、歯科医師、薬剤師、歯科衛生士又は管理栄養士が、通院が困難な利用者に対して、その居宅を訪問して、その心身の状況、置かれている環境等を把握し、それらを踏まえて療養上の管理及び指導を行うことにより、利用者の心身機能の維持回復を図り、もって利用者の生活機能の維持又は向上を目指すものでなければならない。

（指定介護予防サービス等の事業の人員、設備及び運営並びに指定介護予防サービス等に係る介護予防のための効果的な支援の方法に関する基準第87条）

図表2-5●人員・設備・運営基準
薬局の場合（その他、病院または診療所においても開設ができます）

申請者要件	薬局の開設者（保険薬局はみなし指定）		
人員基準	区分	職種・資格	員数
	従業者	薬剤師	1人以上
	介護予防の指定を併せて受け、同一の事業所で一体的に運営されている場合、介護予防の人員に関する基準を満たすことをもって、基準を満たしているものとみなすことができる。		
設備基準	薬局 事業の運営を行うために必要な広さの専用区画 居宅療養管理指導の提供に必要な設備および備品等		
	介護予防の指定を併せて受け、同一の事業所で一体的に運営されている場合、介護予防の設備に関する基準を満たすことをもって、基準を満たしているものとみなすことができる。		
運営基準上必要な主な書類	サービスの提供の記録 運営規程 苦情内容の記録 事故およびその処置の記録 従業者、設備、備品および会計に関する記録		

著者作成

7 通所介護・地域密着型通所介護（療養通所介護を含む）（図表2-6、7、8）

【定義】

●通所介護

「通所介護」とは、居宅要介護者について、老人福祉法第5条の2第3項の厚生労働省令で定める施設又は同法第20条の2の2に規定する老人デイサービスセンターに通わせ、当該施設において入浴、排せつ、食事等の介護その他の日常生活上の世話であって厚生労働省令で定めるもの及び機能訓練を行うこと（利用定員が厚生労働省令で定める数以上であるものに限り、認知症対応型通所介護に該当するものを除く。）をいう。

（介護保険法第8条第7項）

　介護予防通所介護については、市町村が地域の実情に応じて取り組みを行う総合事業へ2017（平成29）年度末までに移行されました。

●地域密着型通所介護

「地域密着型通所介護」とは、居宅要介護者について、老人福祉法第5条の2第3項の厚生労働省令で定める施設又は同法第20条の2の2に規定する老人デイサービスセンターに通わせ、当該施設において入浴、排せつ、食事等の介護その他の日常生活上の世話であって厚生労働省令で定めるもの及び機能訓練を行うこと（利用定員が第7項の厚生労働省令で定める数未満であるものに限り、認知症対応型通所介護に該当するものを除く。）をいう。

（介護保険法第6条第17項）

　療養通所介護は、地域密着型通所介護の一類型で、医療と介護の両方を必要とする中重度要介護者を対象とする通所サービスです。

【サービスの基本方針】

●通所介護

　指定居宅サービスに該当する通所介護の事業は、要介護状態となった場合においても、その利用者が可能な限りその居宅において、その有する能力に応じ自立した日常生活を営むことができるよう生活機能の維持又は向上を目指し、必要な日常生活上の世話及び機能訓練を行うことにより、利用者の社会的孤立感の解消及び心身の機能の維持並びに利用者の家族の身体的及び精神的負担の軽減を図るものでなければならない。

（指定居宅サービス等の事業の人員、設備及び運営に関する基準第92条）

●地域密着型通所介護

　指定地域密着型サービスに該当する地域密着型通所介護の事業は、要介護状態となった場合においても、その利用者が可能な限りその居宅において、その有する能力に応じ自立した日常生活を営むことができるよう生活機能の維持又は向上を目指し、必要な日常生活上の世話及び機能訓練を行うことにより、利用者の社会的孤立感の解消及び心

身の機能の維持並びに利用者の家族の身体的及び精神的負担の軽減を図るものでなければならない。

（指定地域密着型サービスの事業の人員、設備及び運営に関する基準第19条）

●療養通所介護

　指定療養通所介護の事業は、要介護状態となった場合においても、その利用者が可能な限りその居宅において、その有する能力に応じ自立した日常生活を営むことができるよう生活機能の維持又は向上を目指し、必要な日常生活上の世話及び機能訓練を行うことにより、利用者の社会的孤立感の解消及び心身の機能の維持並びに利用者の家族の身体的及び精神的負担の軽減を図るものでなければならない。

（指定地域密着型サービスの事業の人員、設備及び運営に関する基準第39条第1項）

　2018（平成30）年度介護報酬改定において、障害福祉サービス等である重症心身障害児・者を通わせる児童発達支援等を実施している事業所が多いことを踏まえ、定員数が9名から18名に引き上げられました。

図表2-6●人員・設備・運営基準
通所介護利用定員11人（設備基準は19名）以上の場合

申請者要件	区分		職種・資格	員数	
人員基準	従業者	生活相談員	社会福祉主事、社会福祉士、精神保健福祉士、またはこれらと同等の能力を有すると法人が申し立てたもの	提供時間数に応じて専従1人以上。専従要件あり	うち1人以上は常勤
		介護職員		単位ごとに提供時間数に応じて専従1人以上 利用者数が15人を超える場合は、5人またはその端数を増すごとに1人増（介護予防通所介護の指定を受けて、同一の事業所で一体的に運営されている場合、利用者は通所介護または介護予防通所介護の利用者）	
		看護師または准看護師		単位ごとに専従1人以上 病院、診療所、訪問看護ステーションと連携し、健康状態の確認を行った場合、人員配置基準を満たしたものとみなす	
		機能訓練指導員	理学療法士、作業療法士、言語聴覚士、看護職員、柔道整復師、あん摩マッサージ指圧師、一定の実務経験を有するはり師またはきゅう師の資格を有する者。ただし、利用者の日常生活やレクリエーション、行事を通じて行う機能訓練については、当該事業所の生活相談員または介護職員が兼務して行っても差し支えない。	1人以上	
	総合事業と一体的に実施する場合の基準緩和 ●介護予防通所介護に相当するサービスと一体的に実施する場合 従前の介護予防通所介護に相当するものとして市町村が定める第一号通所事業の人員基準を満たすことをもって、給付の基準を満たす。 ●緩和した基準によるサービスと一体的に実施する場合 プログラム等を分けるなど、要介護者への処遇に影響を与えないことを前提に、要支援者等については総合事業の基準による人員配置等を可能とする。				
	管理者			常勤専従1人（管理上支障がない場合、当該事業所の他職務、または同一敷地内の他事業所・施設の職務に従事可）	

設備基準	食堂および機能訓練室	合計面積が、利用定員×3㎡以上 食事の提供、機能訓練に支障がない場合は、食堂および機能訓練室が同一の場所でも可能	
	相談室	遮へい物の設置等	
	事務室、静養室		
	消火設備その他の非常災害に際して必要な設備		
	その他必要な設備および備品等		
	上記設備は当該事業所専用とすること（サービスの提供に支障がない場合は兼用可能）		
運営基準	介護保険制度外で夜間及び深夜のサービスを実施する場合、届出や事故時の報告が必要		
運営基準上必要な主な書類	サービスの提供の記録 通所介護計画 運営規程 勤務表 非常災害に関する具体的計画 苦情内容の記録 事故およびその処置の記録 従業者、設備、備品および会計に関する記録		

著者作成

図表2-7●人員・設備・運営基準
地域密着型通所介護　利用定員10人以下の場合

申請者要件	法人		
	区分	職種・資格	員　数
人員基準	従業者	生活相談員	社会福祉主事、社会福祉士、精神保健福祉士、またはこれらと同等の能力を有すると法人が申し立てたもの
		介護職員	
		看護師または准看護師	

員数	うち1人以上は常勤
提供時間数に応じて専従1人以上	
単位ごとに提供時間数に応じて専従1人以上	

人員基準	従業者	機能訓練指導員	理学療法士、作業療法士、言語聴覚士、看護職員、柔道整復師、あん摩マッサージ指圧師、一定の実務経験を有するはり師、きゅう師の資格を有する者 ただし、利用者の日常生活やレクリエーション、行事を通じて行う機能訓練については、当該事業所の生活相談員または介護職員が兼務して行っても差し支えない。	1人以上
		総合事業と一体的に実施する場合の基準緩和 ●介護予防通所介護に相当するサービスと一体的に実施する場合 従前の介護予防通所介護に相当するものとして市町村が定める第一号通所事業の人員基準を満たすことをもって、給付の基準を満たす。 ●緩和した基準によるサービスと一体的に実施する場合 プログラム等を分けるなど、要介護者への処遇に影響を与えないことを前提に、要支援者等については総合事業の基準による人員配置等を可能とする。		
	管理者		常勤専従1人（管理上支障がない場合、当該事業所の他職務、または同一敷地内の他事業所・施設の職務に従事可）	
設備基準	食堂および機能訓練室	合計面積が、利用定員×3㎡以上 食事の提供、機能訓練に支障がない場合は、食堂および機能訓練室が同一の場所でも可能		
	相談室	遮へい物の設置等		
	事務室、静養室			
	その他必要な設備および備品等			
	上記設備は当該事業所専用とすること（サービスの提供に支障がない場合は兼用可能）			
運営基準	地域との連携（運営推進会議の設置と開催：おおむね6か月に1回以上）			
	必要な主な書類	サービスの提供の記録 地域密着型通所介護計画 運営規程 勤務表 非常災害に関する具体的計画 運営推進会議の記録 苦情内容の記録 事故およびその処置の記録 従業者、設備、備品および会計に関する記録		

著者作成

図表2-8●人員・設備・運営基準
療養通所介護の場合

申請者要件	法人		
	区分	職種・資格	員　数
人員基準	従業者	看護師または准看護師	単位ごとに、提供時間帯を通じて専従者が利用者数の1.5対1以上
		介護職員	
	管理者	訪問看護に従事した経験のある看護師	常勤専従1人（管理上支障がない場合、当該事業所の他職務、または同一敷地内の他事業所・施設の職務に従事可）
設備基準	専用の部屋	合計面積が、利用定員×6.4㎡以上 明確に区分され、他の部屋等から完全に遮蔽されていること	
	その他必要な設備および備品等		
	上記設備は当該事業所専用とすること（サービスの提供に支障がない場合は兼用可能）		
運営基準	安全・サービス提供管理委員会の設置と開催（おおむね6か月に1回以上）		
	必要な主な書類	サービスの提供の記録 療養通所介護計画 運営規程 勤務表 非常災害に関する具体的計画 安全・サービス提供管理委員会の記録 苦情内容の記録 事故およびその処置の記録 従業者、設備、備品および会計に関する記録	

著者作成

8 通所リハビリテーション・介護予防通所リハビリテーション（図表2-9）

【定義】

●通所リハビリテーション

「通所リハビリテーション」とは、居宅要介護者（主治の医師がその治療の必要の程度につき厚生労働省令で定める基準に適合していると認

めたものに限る。）について、介護老人保健施設、介護医療院、病院、診療所その他の厚生労働省令で定める施設に通わせ、当該施設において、その心身の機能の維持回復を図り、日常生活の自立を助けるために行われる理学療法、作業療法その他必要なリハビリテーションをいう。

（介護保険法第8条第8項）

●介護予防通所リハビリテーション

「介護予防通所リハビリテーション」とは、居宅要支援者（主治の医師がその治療の必要の程度につき厚生労働省令で定める基準に適合していると認めたものに限る。）について、介護老人保健施設、介護医療院、病院、診療所その他の厚生労働省令で定める施設に通わせ、当該施設において介護予防を目的として、厚生労働省令で定める期間にわたり行われる理学療法、作業療法その他必要なリハビリテーションをいう。

（介護保険法第8条の2第6項）

【サービスの基本方針】

●通所リハビリテーション

　指定居宅サービスに該当する通所リハビリテーションの事業は、要介護状態となった場合においても、その利用者が可能な限りその居宅において、その有する能力に応じ自立した日常生活を営むことができるよう生活機能の維持又は向上を目指し、理学療法、作業療法その他必要なリハビリテーションを行うことにより、利用者の心身の機能の維持回復を図るものでなければならない。

（指定居宅サービス等の事業の人員、設備及び運営に関する基準第110条）

●介護予防通所リハビリテーション

　指定介護予防サービスに該当する介護予防通所リハビリテーションの事業は、その利用者が可能な限りその居宅において、自立した日常生活を営むことができるよう、理学療法、作業療法その他必要なリハ

ビリテーションを行うことにより、利用者の心身機能の維持回復を図り、もって利用者の生活機能の維持又は向上を目指すものでなければならない。

（指定介護予防サービス等の事業の人員、設備及び運営並びに指定介護予防サービス等に係る介護予防のための効果的な支援の方法に関する基準第116条）

図表2-9 ●人員・設備・運営基準
病院・介護老人保健施設・介護医療院の場合（その他、診療所においても開設ができます）

申請者要件	病院等の開設者（保険医療機関および介護老人保健施設・介護医療院はみなし指定）		
	区分	職種・資格	員数
人員基準	従業者	医師	1人以上（専任常勤・病院等と兼務可）
		理学療法士、作業療法士、言語聴覚士、看護師、准看護師または介護職員	単位ごとに提供時間帯を通じて専従で、利用者数が10人までは1人、10人を超える場合は利用者数を10で除した数以上。このうち専従の理学療法士、作業療法士または言語聴覚士が、利用者数100人またはその端数を増すごとに1人以上
		その他	単位とは、同時に、一体的に提供される指定通所リハビリテーションをいう。
	介護予防の指定を併せて受け、同一の事業所で一体的に運営されている場合、介護予防の人員に関する基準を満たすことをもって、基準を満たしているものとみなすことができる。		
設備基準	通所リハビリテーションを行う専用の部屋等	利用定員×3㎡以上（介護老人保健施設または介護医療院の場合は食堂の面積を加える）	
	消火設備その他の非常災害に際して必要な設備ならびに必要な専用器械および器具		
	介護予防の指定を併せて受け、同一の事業所で一体的に運営されている場合、介護予防の設備に関する基準を満たすことをもって、基準を満たしているものとみなすことができる。		
運営基準	事業者は、リハビリテーション会議を開催し、リハビリテーションの観点から利用者の状況等に関する情報を担当者と共有し、利用者に適切なサービスを提供する。（介護予防も同様）		

運営基準上必要な主な書類	サービスの提供の記録 （介護予防）通所リハビリテーション計画 運営規程 勤務表 非常災害に関する具体的計画 苦情内容の記録 事故およびその処置の記録 従業者、設備、備品および会計に関する記録 訪問・通所リハビリテーションの両方を同一の事業者が提供する場合、上記の記録物等の記載等については一定の条件下で、効率化した基準が認められている。

著者作成

9 短期入所生活介護・介護予防短期入所生活介護（図表2-10）

【定義】

●短期入所生活介護

「短期入所生活介護」とは、居宅要介護者について、老人福祉法第5条の2第4項の厚生労働省令で定める施設又は同法第20条の3に規定する老人短期入所施設に短期間入所させ、当該施設において入浴、排せつ、食事等の介護その他の日常生活上の世話及び機能訓練を行うことをいう。

（介護保険法第8条第9項）

●介護予防短期入所生活介護

「介護予防短期入所生活介護」とは、居宅要支援者について、老人福祉法第5条の2第4項の厚生労働省令で定める施設又は同法第20条の3に規定する老人短期入所施設に短期間入所させ、その介護予防を目的として、厚生労働省令で定める期間にわたり、当該施設において入浴、排せつ、食事等の介護その他の日常生活上の支援及び機能訓練を行うことをいう。

（介護保険法第8条の2第7項）

【サービスの基本方針】

●短期入所生活介護

　指定居宅サービスに該当する短期入所生活介護の事業は、要介護状態となった場合においても、その利用者が可能な限りその居宅において、その有する能力に応じ自立した日常生活を営むことができるよう、入浴、排せつ、食事等の介護その他の日常生活上の世話及び機能訓練を行うことにより、利用者の心身の機能の維持並びに利用者の家族の身体的及び精神的負担の軽減を図るものでなければならない。

　（指定居宅サービス等の事業の人員、設備及び運営に関する基準第120条）

●介護予防短期入所生活介護

　指定介護予防サービスに該当する介護予防短期入所生活介護の事業は、その利用者が可能な限りその居宅において、自立した日常生活を営むことができるよう、入浴、排せつ、食事等の介護その他の日常生活上の支援及び機能訓練を行うことにより、利用者の心身機能の維持回復を図り、もって利用者の生活機能の維持又は向上を目指すものでなければならない。

　（指定介護予防サービス等の事業の人員、設備及び運営並びに指定介護予防サービス等に係る介護予防のための効果的な支援の方法に関する基準第128条）

図表2-10 ●人員・設備・運営基準
ユニット型の場合

申請者要件			法人		
	区分	職種・資格	員数		
人員基準	従業者	医師	1人以上	常勤1人以上（定員20人未満の併設事業所を除く）	昼間には、ユニットごとに常時1人以上の介護職員または看護職員を配置 夜間・深夜には、2ユニットごとに1人以上の介護職員または看護職員を配置 ユニットごとに常勤のユニットリーダーを配置
		生活相談員	常勤換算方法で、利用者数が100人またはその端数を増すごとに1人以上		
		介護職員	常勤換算方法で、利用者数が3人またはその端数を増すごとに1人以上		
		看護師または准看護師	看護職員を配置しなかった場合でも、利用者の状態像に応じて必要がある場合には、「病院」「診療所」「訪問看護ステーション」などとの密接かつ適切な連携により「看護職員を確保」すること		
		栄養士	1人以上 （定員40人以下の事業所であって、他の施設等の栄養士との連携を図ることにより効果的な運営を期待でき、利用者の処遇に支障がない場合は、配置しなくても可）		
		機能訓練指導員	1人以上 理学療法士、作業療法士、言語聴覚士、看護職員、柔道整復師またはあん摩マッサージ指圧師、一定の実務経験を有するはり師またはきゅう師の資格を有する者。ただし、入所者の日常生活やレクリエーション、行事等を通じて行う場合は、当該施設の生活相談員または介護職員が兼務可、当該事業所の他の職務に従事することができる。		
		調理員その他の従業者	実情に応じた適当数		
	介護予防の指定を併せて受け、同一の事業所で一体的に運営されている場合、介護予防の人員に関する基準を満たすことをもって、基準を満たしているものとみなすことができる。				
	管理者		常勤専従1名以上（管理上支障がない場合、当該事業所の他の職務、または同一敷地内の他事業所・施設等の職務に従事可）		
設備基準	基本的事項		利用定員20人以上（併設事業所の場合を除く） 耐火建築物（利用者の日常生活の場を1階以外に設けていない場合は準耐火建築物でも可）		

設備基準	ユニット		ユニットは、居宅に近い居住環境の下で、居宅における生活に近い日常の生活の中でケアを行うというユニットケアの特徴を踏まえたものでなければならない。 各ユニットの利用定員は原則10人以下 特別の事情（敷地や構造上の問題等）によりやむを得ない場合はおおむね10人以下（利用定員が10人を超えるユニットの数は、総ユニット数の半数以下であること） ※2021年4月以降に整備される施設については原則として10人以下とし、15人を超えないものとする。
		居室	共同生活室に近接し、一体的に設置 使い慣れた家具を持ち込める広さを保証 面積は10.65㎡以上（居室内洗面設備は含み、居室内便所は除く） 夫婦での利用等に当たり2人室とする場合は21.3㎡以上 ただし、施設側の都合（個室が空いていない等）による2人部屋への入所は不可
		共同生活室	ユニットの定員×2㎡以上を標準 ユニットの利用者が交流し、日常生活を営むのにふさわしい場所であること 他のユニットの利用者が通過する形態は不可 当該ユニットの利用者全員とその介護等を行う従業者が一度に食事をしたり、談話等を楽しんだりすることが可能な備品を備えた上で車いすが支障なく通行できる形状が確保されていること 簡易な流し、調理設備の設置が望ましい。
		洗面設備	居室ごとに設けることが望ましい。 共同の場合は2か所以上に分散して設けることが望ましい。 要介護（要支援）者が使用するのに適したもの
		便所	居室ごとに設けることが望ましい。 共同の場合は2か所以上に分散して設けることが望ましい。 要介護（要支援）者が使用するのに適したもの
	浴室		居室のある階ごとの設置が望ましい。 要介護（要支援）者が入浴するのに適したもの
	その他		医務室、調理室、洗濯室（または洗濯場）、汚物処理室、介護材料室を設けること（食堂、機能訓練室、浴室、医務室、面談室、調理室、洗濯室（または洗濯場）、汚物処理室、介護材料室は、他の社会福祉施設等の設備を利用することにより効率的運営が可能であり、処遇上支障がない場合は、設けなくても可） 廊下幅1.8m以上（中廊下幅2.7m以上） 常夜灯（廊下、共同生活室、便所等） 階段（緩傾斜） 消火設備その他の非常用設備 傾斜路1基以上（ユニットまたは浴室が2階以上にある場合で、エレベーターを設けない場合）
	必要な設備および備品等		
	介護予防の指定を併せて受け、同一の事業所で一体的に運営されている場合、介護予防の設備に関する基準を満たすことをもって、基準を満たしているものとみなすことができる。		

運営基準	緊急時等一定の条件下で、専用の居室以外（静養室）での受入れ可 小規模多機能型居宅介護事業所に併設可。この場合、浴室・トイレ等について共用可 小規模多機能型居宅介護および看護小規模多機能型居宅介護の宿泊室に空床がある場合、一定の条件下で登録者以外の短期利用可
運営基準上必要な主な書類	サービスの提供の記録 （介護予防）短期入所生活介護計画（おおむね4日以上連続して利用する場合） 身体的拘束等を行う場合には、その態様および時間、その際の利用者の心身の状況ならびに緊急やむを得ない理由の記録 運営規程 勤務表 非常災害に関する具体的計画 苦情内容の記録 事故およびその処置の記録 従業者、設備、備品および会計に関する記録

著者作成

10 短期入所療養介護・介護予防短期入所療養介護（図表2-11）

【定義】

●短期入所療養介護

「短期入所療養介護」とは、居宅要介護者（その治療の必要の程度につき厚生労働省令で定めるものに限る。）について、介護老人保健施設、介護医療院、介護療養型医療施設その他の厚生労働省令で定める施設に短期間入所させ、当該施設において看護、医学的管理の下における介護及び機能訓練その他必要な医療並びに日常生活上の世話を行うことをいう。

（介護保険法第8条第10項）

●介護予防短期入所療養介護

「介護予防短期入所療養介護」とは、居宅要支援者（その治療の必要の程度につき厚生労働省令で定めるものに限る。）について、介護老人保健施設、介護医療院、介護療養型医療施設その他の厚生労働省令で定める施設に短期間入所させ、その介護予防を目的として、厚生労働省令で定める期間にわたり、当該施設において看護、医学的管理の

下における介護及び機能訓練その他必要な医療並びに日常生活上の支援を行うことをいう。

（介護保険法第８条の２第８項）

【サービスの基本方針】

●短期入所療養介護

　指定居宅サービスに該当する短期入所療養介護の事業は、要介護状態となった場合においても、その利用者が可能な限りその居宅において、その有する能力に応じ自立した日常生活を営むことができるよう、看護、医学的管理の下における介護及び機能訓練その他必要な医療並びに日常生活上の世話を行うことにより、療養生活の質の向上及び利用者の家族の身体的及び精神的負担の軽減を図るものでなければならない。

（指定居宅サービス等の事業の人員、設備及び運営に関する基準第141条）

●介護予防短期入所療養介護

　指定介護予防サービスに該当する介護予防短期入所療養介護の事業は、その利用者が可能な限りその居宅において、自立した日常生活を営むことができるよう、看護、医学的管理の下における介護及び機能訓練その他必要な医療並びに日常生活上の支援を行うことにより、利用者の療養生活の質の向上及び心身機能の維持回復を図り、もって利用者の生活機能の維持又は向上を目指すものでなければならない。

（指定介護予防サービス等の事業の人員、設備及び運営並びに指定介護予防サービス等に係る介護予防のための効果的な支援の方法に関する基準第186条）

図表2-11●人員・設備・運営基準
従来型の介護老人保健施設の場合（その他、介護療養型医療施設においても開設ができます）

申請者要件	介護老人保健施設の開設者		
	区分	職種・資格	員数
人員基準	従業者	医師、薬剤師、看護職員、介護職員、支援相談員、理学療法士または作業療法士、栄養士	利用者を入所者とみなした場合における介護老人保健施設の基準以上
	介護予防の指定を併せて受け、同一の事業所で一体的に運営されている場合、介護予防の設備に関する基準を満たすことをもって、基準を満たしているものとみなすことができる。		
設備基準	介護老人保健施設基準以上		
	介護予防の指定を併せて受け、同一の事業所で一体的に運営されている場合、介護予防の人員に関する基準を満たすことをもって、基準を満たしているものとみなすことができる。		
運営基準上必要な主な書類	サービスの提供の記録 （介護予防）短期入所療養介護計画（おおむね４日以上連続して利用する場合） 身体的拘束等を行う場合には、その態様および時間、その際の利用者の心身の状況ならびに緊急やむを得ない理由の記録 運営規程 勤務表 非常災害に関する具体的計画 苦情内容の記録 事故およびその処置の記録 従業者、設備、備品および会計に関する記録		

著者作成

11 福祉用具貸与・介護予防福祉用具貸与
（図表2－12）

【定義】

●福祉用具貸与

「福祉用具貸与」とは、居宅要介護者について福祉用具（心身の機能が低下し日常生活を営むのに支障がある要介護者等の日常生活上の便宜を図るための用具及び要介護者等の機能訓練のための用具であって、要介護者等の日常生活の自立を助けるためのものをいう。次項並びに次条第10項及び第11項において同じ。）のうち厚生労働大臣が定めるものの政令で定めるところにより行われる貸与をいう。
（介護保険法第８条第12項）

●介護予防福祉用具貸与

「介護予防福祉用具貸与」とは、居宅要支援者について福祉用具のうちその介護予防に資するものとして厚生労働大臣が定めるものの政令で定めるところにより行われる貸与をいう。

（介護保険法第8条の2第10項）

【サービスの基本方針】

●福祉用具貸与

　指定居宅サービスに該当する福祉用具貸与の事業は、要介護状態となった場合においても、その利用者が可能な限りその居宅において、その有する能力に応じ自立した日常生活を営むことができるよう、利用者の心身の状況、希望及びその置かれている環境を踏まえた適切な福祉用具の選定の援助、取付け、調整等を行い、福祉用具を貸与することにより、利用者の日常生活上の便宜を図り、その機能訓練に資するとともに、利用者を介護する者の負担の軽減を図るものでなければならない。

（指定居宅サービス等の事業の人員、設備及び運営に関する基準第193条）

　福祉用具専門相談員は、常に自己研鑽に励み、指定福祉用具貸与の目的を達成するために必要な知識及び技能の修得、維持及び向上に努めなければならない。

（指定居宅サービス等の事業の人員、設備及び運営に関する基準第201条第2項）

　2018（平成30）年度の介護報酬改定により、福祉用具貸与の価格の上限設定等について見直しが行われました。これは、徹底的な見える化等を通じて貸与価格のばらつきを抑制し、適正価格での貸与を確保することを目的としています。2018年10月から福祉用具貸与について、商品ごとの全国平均貸与価格の公表や、貸与価格の上限設定を行うことが決定されているほか、福祉用具専門相談員に対して、商品の特徴や貸与価格、当該商品の全国平均貸与価格を説明することや、

機能や価格帯の異なる複数の商品を提示することが義務づけられることになっています。

●介護予防福祉用具貸与

　指定介護予防サービスに該当する介護予防福祉用具貸与の事業は、その利用者が可能な限りその居宅において、自立した日常生活を営むことができるよう、利用者の心身の状況、希望及びその置かれている環境を踏まえた適切な福祉用具の選定の援助、取付け、調整等を行い、福祉用具を貸与することにより、利用者の生活機能の維持又は改善を図るものでなければならない。

　（指定介護予防サービス等の事業の人員、設備及び運営並びに指定介護予防サービス等に係る介護予防のための効果的な支援の方法に関する基準第265条）

図表2-12●人員・設備・運営基準

申請者要件	法人		
	区分	職種・資格	員数
人員基準	従業者（福祉用具専門相談員）	介護福祉士、義肢装具士、保健師、看護師、准看護師、理学療法士、作業療法士、社会福祉士 実務者研修修了者、介護職員基礎研修課程修了者、訪問介護員養成研修（1～2級課程）修了者 都道府県知事が指定する講習会の課程を修了し、終了した旨の証明書の交付を受けた者 厚生労働大臣の指定を受けていた講習会の課程を修了し、終了した旨の証明書の交付を受けた者	常勤換算で2人以上
	介護予防福祉用具貸与、特定福祉用具販売、特定介護予防福祉用具販売の指定を併せて受け、同一の事業所で一体的に運営されている場合、それぞれの人員に関する基準を満たすことをもって、基準を満たしているものとみなすことができる。		
	管理者	管理者は、福祉用具専門相談員である必要はない。	常勤専従1人（管理上支障がない場合、当該事業所の他職務、または同一敷地内の他事業所・施設の職務に従事可）

設備基準	事業の運営を行うために必要な広さの専用区画 福祉用具貸与の提供に必要な設備および備品等		区画は、利用申込の受付、相談等に対応するのに適切なスペースを確保すること
	福祉用具の保管のために必要な設備	清潔であること 既に消毒または補修がなされている福祉用具とそれ以外の福祉用具を区分することが可能であること	福祉用具の保管または消毒を他の事業者に行わせる場合は、福祉用具の保管または消毒のために必要な設備または器材を有しないことができる。
	福祉用具の消毒のために必要な器材	福祉用具貸与事業者が取り扱う福祉用具の種類および材質等からみて適切な消毒効果を有するものであること	
	介護予防の指定を併せて受け、同一の事業所で一体的に運営されている場合、介護予防の設備に関する基準を満たすことをもって、基準を満たしているものとみなすことができる。		
運営基準上必要な主な書類	サービスの提供の記録 （介護予防）福祉用具貸与計画 運営規程 勤務表 消毒の具体的方法および消毒器材の保守点検の方法を記載した標準作業書 福祉用具の保管または消毒を他の事業者に行わせる場合の委託契約書 取り扱う福祉用具の品名および品名ごとの利用料その他の必要事項が記載された目録等 苦情内容の記録 事故およびその処置の記録 従業者、設備、備品および会計に関する記録		

著者作成

12 特定福祉用具販売・特定介護予防福祉用具販売（図表2-13）

【定義】

●特定福祉用具販売

「特定福祉用具販売」とは、居宅要介護者について福祉用具のうち入浴又は排せつの用に供するものその他の厚生労働大臣が定めるもの（以下「特定福祉用具」という。）の政令で定めるところにより行われる販売をいう。

（介護保険法第8条第13項）

●特定介護予防福祉用具販売

「特定介護予防福祉用具販売」とは、居宅要支援者について福祉用具のうちその介護予防に資するものであって入浴又は排せつの用に供するものその他の厚生労働大臣が定めるもの（以下「特定介護予防福祉用具」という。）の政令で定めるところにより行われる販売をいう。

（介護保険法第8条の2第11項）

【サービスの基本方針】

●特定福祉用具販売

　指定居宅サービスに該当する特定福祉用具販売の事業は、要介護状態となった場合においても、その利用者が可能な限りその居宅において、その有する能力に応じ自立した日常生活を営むことができるよう、利用者の心身の状況、希望及びその置かれている環境を踏まえた適切な特定福祉用具の選定の援助、取付け、調整等を行い、特定福祉用具を販売することにより、利用者の日常生活上の便宜を図り、その機能訓練に資するとともに、利用者を介護する者の負担の軽減を図るものでなければならない。

（指定居宅サービス等の事業の人員、設備及び運営に関する基準第207条）

●特定介護予防福祉用具販売

　指定介護予防サービスに該当する特定介護予防福祉用具販売の事業は、その利用者が可能な限りその居宅において、自立した日常生活を営むことができるよう、利用者の心身の状況、希望及びその置かれている環境を踏まえた適切な特定介護予防福祉用具の選定の援助、取付け、調整等を行い、特定介護予防福祉用具を販売することにより、利用者の心身機能の維持回復を図り、もって利用者の生活機能の維持又は向上を目指すものでなければならない。

（指定介護予防サービス等の事業の人員、設備及び運営並びに指定介護予防サービス等に係る介護予防のための効果的な支援の方法に関す

る基準第281条）

図表2-13●人員・設備・運営基準

申請者要件	法人		
	区分	職種・資格	員数
人員基準	従業者（福祉用具専門相談員）	介護福祉士、義肢装具士、保健師、看護師、准看護師、理学療法士、作業療法士、社会福祉士 実務者研修修了者、介護職員基礎課程研修修了者、訪問介護員養成研修（1～2級課程）修了者 都道府県知事が指定する講習会の課程を修了し、終了した旨の証明書の交付を受けた者 厚生労働大臣の指定を受けていた講習会の課程を修了し、終了した旨の証明書の交付を受けた者	常勤換算で2人以上
	特定介護予防福祉用具販売、福祉用具貸与、介護予防福祉用具貸与の指定を併せて受け、同一の事業所で一体的に運営されている場合、それぞれの人員に関する基準を満たすことをもって、基準を満たしているものとみなすことができる。		
	管理者	管理者は、福祉用具専門相談員である必要はない。	常勤専従1人（管理上支障がない場合、当該事業所の他職務、または同一敷地内の他事業所・施設の職務に従事可）
設備基準	事業の運営を行うために必要な広さの専用区画 特定福祉用具販売の提供に必要な設備および備品等		区画は、購入申込の受付、相談等に対応するのに適切なスペースを確保すること
	介護予防の指定を併せて受け、同一の事業所で一体的に運営されている場合、介護予防の設備に関する基準を満たすことをもって、基準を満たしているものとみなすことができる。		
運営基準上必要な主な書類	サービスの提供の記録 特定（介護予防）福祉用具販売計画 運営規程 勤務表 取り扱う福祉用具の品名および品名ごとの利用料その他の必要事項が記載された目録等 苦情内容の記録 事故およびその処置の記録 従業者、設備、備品および会計に関する記録		

著者作成

13 居宅介護支援・介護予防支援（図表2−14）

【定義】

●居宅介護支援

「居宅介護支援」とは、居宅要介護者が第41条第１項に規定する指定居宅サービス又は特例居宅介護サービス費に係る居宅サービス若しくはこれに相当するサービス、第42条の２第１項に規定する指定地域密着型サービス又は特例地域密着型介護サービス費に係る地域密着型サービス若しくはこれに相当するサービス及びその他の居宅において日常生活を営むために必要な保健医療サービス又は福祉サービス（以下この項において「指定居宅サービス等」という。）の適切な利用等をすることができるよう、当該居宅要介護者の依頼を受けて、その心身の状況、その置かれている環境、当該居宅要介護者及びその家族の希望等を勘案し、利用する指定居宅サービス等の種類及び内容、これを担当する者その他厚生労働省令で定める事項を定めた計画（以下この項、第115条の45第２項第３号及び別表において「居宅サービス計画」という。）を作成するとともに、当該居宅サービス計画に基づく指定居宅サービス等の提供が確保されるよう、第41条第１項に規定する指定居宅サービス事業者、第42条の２第１項に規定する指定地域密着型サービス事業者その他の者との連絡調整その他の便宜の提供を行い、並びに当該居宅要介護者が地域密着型介護老人福祉施設又は介護保険施設への入所を要する場合にあっては、地域密着型介護老人福祉施設又は介護保険施設への紹介その他の便宜の提供を行うことをいい、「居宅介護支援事業」とは、居宅介護支援を行う事業をいう。
（介護保険法第８条第24項）

●介護予防支援

「介護予防支援」とは、居宅要支援者が第53条第１項に規定する指定介護予防サービス又は特例介護予防サービス費に係る介護予防サー

ビス若しくはこれに相当するサービス、第54条の2第1項に規定する指定地域密着型介護予防サービス又は特例地域密着型介護予防サービス費に係る地域密着型介護予防サービス若しくはこれに相当するサービス、特定介護予防日常生活支援総合事業（市町村、第115条の45の3第1項に規定する指定事業者又は第115条の47第6項の受託者が行うものに限る。以下この項及び第32条第4項第2号において同じ。）及びその他の介護予防に資する保健医療サービス又は福祉サービス（以下この項において「指定介護予防サービス等」という。）の適切な利用等をすることができるよう、第115条の46第1項に規定する地域包括支援センターの職員のうち厚生労働省令で定める者が、当該居宅要支援者の依頼を受けて、その心身の状況、その置かれている環境、当該居宅要支援者及びその家族の希望等を勘案し、利用する指定介護予防サービス等の種類及び内容、これを担当する者その他厚生労働省令で定める事項を定めた計画（以下この項及び別表において「介護予防サービス計画」という。）を作成するとともに、当該介護予防サービス計画に基づく指定介護予防サービス等の提供が確保されるよう、第53条第1項に規定する指定介護予防サービス事業者、第54条の2第1項に規定する指定地域密着型介護予防サービス事業者、特定介護予防日常生活支援総合事業を行う者その他の者との連絡調整その他の便宜の提供を行うことをいい、「介護予防支援事業」とは、介護予防支援を行う事業をいう。

（介護保険法第8条の2第16項）

【サービスの基本方針】

●居宅介護支援

　指定居宅介護支援の事業は、要介護状態となった場合においても、その利用者が可能な限りその居宅において、その有する能力に応じ自立した日常生活を営むことができるように配慮して行われるものでなければならない。

　指定居宅介護支援の事業は、利用者の心身の状況、その置かれてい

る環境等に応じて、利用者の選択に基づき、適切な保健医療サービス及び福祉サービスが、多様な事業者から、総合的かつ効率的に提供されるよう配慮して行われるものでなければならない。

指定居宅介護支援事業者は、指定居宅介護支援の提供に当たっては、利用者の意思及び人格を尊重し、常に利用者の立場に立って、利用者に提供される指定居宅サービス等が特定の種類又は特定の指定居宅サービス事業者等に不当に偏することのないよう、公正中立に行われなければならない。

指定居宅介護支援事業者は、事業の運営に当たっては、市町村、法第115条の46第1項に規定する地域包括支援センター、老人福祉法第20条の7の2に規定する老人介護支援センター、他の指定居宅介護支援事業者、指定介護予防支援事業者、介護保険施設、障害者の日常生活及び社会生活を総合的に支援するための法律第51条の17第1項第1号に規定する指定特定相談支援事業者等との連携に努めなければならない。

（指定居宅介護支援等の事業の人員及び運営に関する基準第1条の2）

●介護予防支援

指定介護予防支援の事業は、その利用者が可能な限りその居宅において、自立した日常生活を営むことのできるように配慮して行われるものでなければならない。

指定介護予防支援の事業は、利用者の心身の状況、その置かれている環境等に応じて、利用者の選択に基づき、利用者の自立に向けて設定された目標を達成するために、適切な保健医療サービス及び福祉サービスが、当該目標を踏まえ、多様な事業者から、総合的かつ効率的に提供されるよう配慮して行われるものでなければならない。

指定介護予防支援事業者は、指定介護予防支援の提供に当たっては、利用者の意思及び人格を尊重し、常に利用者の立場に立って、利用者に提供される指定介護予防サービス等が特定の種類又は特定の介護予防サービス事業者若しくは地域密着型介護予防サービス事業者に不当

に偏することのないよう、公正中立に行わなければならない。

　指定介護予防支援事業者は、事業の運営に当たっては、市町村、地域包括支援センター、老人福祉法第20条の7の2に規定する老人介護支援センター、指定居宅介護支援事業者、他の指定介護予防支援事業者、介護保険施設、障害者の日常生活及び社会生活を総合的に支援するための法律第51条の17第1項第1号に規定する指定特定相談支援事業者、住民による自発的な活動によるサービスを含めた地域における様々な取組を行う者等との連携に努めなければならない。

（指定介護予防支援等の事業の人員及び運営並びに指定介護予防支援等に係る介護予防のための効果的な支援の方法に関する基準第1条の2）

図表2-14●人員・設備・運営基準
居宅介護支援の場合

申請者要件	法人		
	区分	職種・資格	員数
人員基準	従業者	介護支援専門員	常勤1人以上 利用者35人またはその端数を増すごとに1人を標準
	管理者	主任介護支援専門員（2021年3月31日時点で主任介護支援専門員でない者が管理者の場合2027年3月31日までの猶予措置あり）	常勤専従1人 次の場合は専従でなくても可 ①管理者が管理する指定居宅介護支援事業所の介護支援専門員の職務に従事する場合 ②同一敷地内にある他の事業所の職務に従事する場合（管理に支障がない場合）
設備基準	事業を行うために必要な広さの区画 居宅介護支援の提供に必要な設備および備品等		
運営基準上必要な主な書類	居宅サービス計画書 アセスメントの記録 モニタリングの記録 給付管理票 基準該当居宅サービスに係る特例居宅介護サービス費の支給に係る事務に必要な情報を記載した文書 運営規程 勤務表 苦情内容の記録 事故およびその処置の記録 従業者、設備、備品および会計に関する記録		

著者作成

14 特定施設入居者生活介護・介護予防特定施設入居者生活介護・地域密着型特定施設入居者生活介護（図表2-15）

【定義】

●特定施設入居者生活介護

「特定施設」とは、有料老人ホームその他厚生労働省令で定める施設であって、第21項に規定する地域密着型特定施設でないものをいい、「特定施設入居者生活介護」とは、特定施設に入居している要介護者について、当該特定施設が提供するサービスの内容、これを担当する者その他厚生労働省令で定める事項を定めた計画に基づき行われる入浴、排せつ、食事等の介護その他の日常生活上の世話であって厚生労働省令で定めるもの、機能訓練及び療養上の世話をいう。

（介護保険法第8条第11項）

●介護予防特定施設入居者生活介護

「介護予防特定施設入居者生活介護」とは、特定施設（介護専用型特定施設を除く。）に入居している要支援者について、その介護予防を目的として、当該特定施設が提供するサービスの内容、これを担当する者その他厚生労働省令で定める事項を定めた計画に基づき行われる入浴、排せつ、食事等の介護その他の日常生活上の支援であって厚生労働省令で定めるもの、機能訓練及び療養上の世話をいう。

（介護保険法第8条の2第9項）

●地域密着型特定施設入居者生活介護

「地域密着型特定施設入居者生活介護」とは、有料老人ホームその他第11項の厚生労働省令で定める施設であって、その入居者が要介護者、その配偶者その他厚生労働省令で定める者に限られるもの（以下「介護専用型特定施設」という。）のうち、その入居定員が29人以下であるもの（以下この項において「地域密着型特定施設」という。）に入居

している要介護者について、当該地域密着型特定施設が提供するサービスの内容、これを担当する者その他厚生労働省令で定める事項を定めた計画に基づき行われる入浴、排せつ、食事等の介護その他の日常生活上の世話であって厚生労働省令で定めるもの、機能訓練及び療養上の世話をいう。

（介護保険法第8条第21項）

【サービスの基本方針】

●特定施設入居者生活介護

　指定居宅サービスに該当する特定施設入居者生活介護の事業は、特定施設サービス計画に基づき、入浴、排せつ、食事等の介護その他の日常生活上の世話、機能訓練及び療養上の世話を行うことにより、要介護状態となった場合でも、当該指定特定施設入居者生活介護の提供を受ける入居者が当該指定特定施設においてその有する能力に応じ自立した日常生活を営むことができるようにするものでなければならない。

（指定居宅サービス等の事業の人員、設備及び運営に関する基準第174条）

●介護予防特定施設入居者生活介護

　指定介護予防サービスに該当する介護予防特定施設入居者生活介護の事業は、介護予防特定施設サービス計画に基づき、入浴、排せつ、食事等の介護その他の日常生活上の支援、機能訓練及び療養上の世話を行うことにより、当該指定介護予防特定施設入居者生活介護の提供を受ける入居者が指定介護予防特定施設において、自立した日常生活を営むことができるよう、利用者の心身機能の維持回復を図り、もって利用者の生活機能の維持又は向上を目指すものでなければならない。

（指定介護予防サービス等の事業の人員、設備及び運営並びに指定介護予防サービス等に係る介護予防のための効果的な支援の方法に関する基準第230条）

●地域密着型特定施設入居者生活介護

　指定地域密着型サービスに該当する地域密着型特定施設入居者生活介護の事業は、地域密着型特定施設サービス計画に基づき、入浴、排せつ、食事等の介護その他の日常生活上の世話、機能訓練及び療養上の世話を行うことにより、当該指定地域密着型特定施設入居者生活介護の提供を受ける入居者が指定地域密着型特定施設においてその有する能力に応じ自立した日常生活を営むことができるようにするものでなければならない。

（指定地域密着型サービスの事業の人員、設備及び運営に関する基準第109条）

図表2-15●人員・設備・運営基準
特定施設入居者生活介護の場合（「外部サービス利用型」を除く）

申請者要件			法人であって、有料老人ホーム等の設置者	
人員基準	区分	職種・資格	員数	
	従業者	生活相談員	常勤換算方法で、利用者数が100人またはその端数を増すごとに1人以上 常勤1人以上	
		看護師または准看護師	利用者数に応じて次の員数が必要 （常勤換算方法） 　〜30→1人 31〜80→2人 81〜130→3人 131〜→4人 （50人ごとに1人増） 常勤1人以上	要介護者である利用者数が3人またはその端数を増すごとに1人以上（常勤換算方法）
		介護職員	常勤1人以上 常駐1人以上	
		機能訓練指導員	1人以上 理学療法士、作業療法士、言語聴覚士、看護職員、柔道整復師、あん摩マッサージ指圧師、一定の実務経験を有するはり師、きゅう師の資格を有する者 当該特定施設の他の職務に従事できる。	

人員基準	従業者	計画作成担当者	専従1人以上 利用者の処遇に支障がない場合は当該特定施設における他の職務に従事できる。 総利用者数が100人またはその端数を増すごとに1人を標準とする。 介護支援専門員であって特定施設サービス計画の作成に適当と認められる者	
設備基準			※介護予防の事業が同一の施設において一体的に行われる場合	
		生活相談員	利用者および介護予防サービス利用者の合計数（総利用者数）が100人またはその端数を増すごとに1人以上（常勤換算方法） 常勤1人以上	
		看護師または准看護師	総利用者数に応じて次の員数が必要（常勤換算方法） 　　～30→1人 31～80→2人 81～130→3人 131～→4人 （50人ごとに1人増） 常勤1人以上	要介護者の数および要支援者である利用者の数に10分の3を乗じて得た数の合計が3人またはその端数を増すごとに1人以上（常勤換算方法） 利用者の全てが要支援者である場合は、看護職員または介護職員のうちいずれかが常勤であればよい。
		介護職員	常駐1人以上 （利用者のすべてが要支援者である場合の宿直時間帯を除く） 常勤1人以上	
		機能訓練指導員	1人以上 理学療法士、作業療法士、言語聴覚士、看護職員、柔道整復師、あん摩マッサージ指圧師、一定の実務経験を有するはり師、きゅう師の資格を有する者 当該特定施設の他の職務に従事可能	
		計画作成担当者	専従1人以上 利用者の処遇に支障がない場合は当該特定施設における他の職務に従事できる。 利用者数が100人またはその端数を増すごとに1人を標準とする。 介護支援専門員であって特定施設サービス計画の作成に適当と認められる者	
	管理者		常勤専従1人以上（管理上支障がない場合、当該施設の他の職務、または同一敷地内の他事業所・施設等の職務に従事可）	
	耐火建築物または準耐火建築物（別途利用者の安全性が確保されている場合を除く）			
		介護居室	個室（利用者の処遇上必要である場合は2人部屋も可） プライバシーの保護に配慮した適当な広さ 地階は不可 1以上の出入口は避難上有効な空地、廊下等に直面して設けること	
		一時介護室	介護を行うための適当な広さ 他に利用者を一時的に移して介護を行うための室が確保できる場合は、設けなくてもよい。	

設備基準	浴室	身体の不自由な者が入浴するのに適したもの
	便所	居室のある階ごとに設置 非常用設備
	食堂	適当な広さ
	機能訓練室	適当な広さ 他に機能訓練を行うための適当な広さを確保できる場合は、設けなくてもよい。
	利用者が車いすで円滑に移動することが可能な空間と構造	
	消火設備その他の非常災害に際して必要な設備	
	上記のほか、建築基準法および消防法の定める構造設備	
	介護予防の指定を併せて受け、同一の事業所で一体的に運営されている場合、介護予防の設備に関する基準を満たすことをもって、基準を満たしているものとみなすことができる。	
運営基準	空き部屋を短期利用に供する場合、要件あり	
運営基準上必要な主な書類	サービスの提供の記録 （介護予防）特定施設サービス計画 身体的拘束等を行う場合には、その態様および時間、その際の利用者の心身の状況ならびに緊急やむを得ない理由の記録 運営規程 非常災害に関する具体的計画 苦情内容の記録 事故およびその処置の記録 従業者、設備、備品および会計に関する記録	

著者作成

※介護療養型医療施設又は医療療養病床から、「特定施設入居者生活介護・地域密着型特定施設入居者生活介護（有料老人ホーム等）と医療機関の併設型」に転換する場合について、以下の特例を設ける。
ア　サービスが適切に提供されると認められる場合に、生活相談員、機能訓練指導員、計画作成担当者の兼任を認める。
イ　サービスに支障がない場合に限り、浴室、便所、食堂、機能訓練室の兼用を認める。

15 介護老人福祉施設（特別養護老人ホーム）・地域密着型介護老人福祉施設（図表2-16）

【定義】

●介護老人福祉施設

「介護老人福祉施設」とは、老人福祉法第20条の5に規定する特別養護老人ホーム（入所定員が30人以上であるものに限る。）であって、当該特別養護老人ホームに入所する要介護者（厚生労働省令で定める

要介護状態区分に該当する状態である者その他居宅において日常生活を営むことが困難な者として厚生労働省令で定める者に限る。）に対し、施設サービス計画に基づいて、入浴、排せつ、食事等の介護その他の日常生活上の世話、機能訓練、健康管理及び療養上の世話を行うことを目的とする施設をいい、「介護福祉施設サービス」とは、介護老人福祉施設に入所する要介護者に対し、施設サービス計画に基づいて行われる入浴、排せつ、食事等の介護その他の日常生活上の世話、機能訓練、健康管理及び療養上の世話をいう。

（介護保険法第8条第27項）

●地域密着型介護老人福祉施設

「地域密着型介護老人福祉施設」とは、老人福祉法第20条の5に規定する特別養護老人ホーム（入所定員が29人以下であるものに限る。以下この項において同じ。）であって、当該特別養護老人ホームに入所する要介護者に対し、地域密着型施設サービス計画（地域密着型介護老人福祉施設に入所している要介護者について、当該施設が提供するサービスの内容、これを担当する者その他厚生労働省令で定める事項を定めた計画をいう。以下この項において同じ。）に基づいて、入浴、排せつ、食事等の介護その他の日常生活上の世話、機能訓練、健康管理及び療養上の世話を行うことを目的とする施設をいい、「地域密着型介護老人福祉施設入所者生活介護」とは、地域密着型介護老人福祉施設に入所する要介護者に対し、地域密着型施設サービス計画に基づいて行われる入浴、排せつ、食事等の介護その他の日常生活上の世話、機能訓練、健康管理及び療養上の世話をいう。

（介護保険法第8条第22項）

　介護保険法の改正に伴い、2015（平成27）年4月1日以降、地域密着型を含む特別養護老人ホームの入所者は、原則、要介護3以上に限定されました。ただし、要介護1および要介護2でも、やむを得ない事情で、居宅において日常生活を営むことが困難である場合には、特例的に入所が認められます。

【サービスの基本方針】

●介護老人福祉施設

指定介護老人福祉施設（特別養護老人ホーム）は、施設サービス計画に基づき、可能な限り、居宅における生活への復帰を念頭に置いて、入浴、排せつ、食事等の介護、相談及び援助、社会生活上の便宜の供与その他の日常生活上の世話、機能訓練、健康管理及び療養上の世話を行うことにより、入所者がその有する能力に応じ自立した日常生活を営むことができるようにすることを目指すものでなければならない。

指定介護老人福祉施設（特別養護老人ホーム）は、入所者の意思及び人格を尊重し、常にその者の立場に立って指定介護福祉施設サービスを提供するように努めなければならない。

指定介護老人福祉施設（特別養護老人ホーム）は、明るく家庭的な雰囲気を有し、地域や家庭との結び付きを重視した運営を行い、市町村、居宅介護支援事業者、居宅サービス事業者、他の介護保険施設その他の保健医療サービス又は福祉サービスを提供する者との密接な連携に努めなければならない。

（指定介護老人福祉施設の人員、設備及び運営に関する基準第1条の2）

特別養護老人ホームは、入所者に対し、健全な環境の下で、社会福祉事業に関する熱意及び能力を有する職員による適切な処遇を行うよう努めなければならない。

特別養護老人ホームは、入所者の処遇に関する計画に基づき、可能な限り、居宅における生活への復帰を念頭に置いて、入浴、排せつ、食事等の介護、相談及び援助、社会生活上の便宜の供与その他の日常生活上の世話、機能訓練、健康管理及び療養上の世話を行うことにより、入所者がその有する能力に応じ自立した日常生活を営むことができるようにすることを目指すものでなければならない。

特別養護老人ホームは、入所者の意思及び人格を尊重し、常にその者の立場に立って処遇を行うように努めなければならない。

　特別養護老人ホームは、明るく家庭的な雰囲気を有し、地域や家庭との結び付きを重視した運営を行い、市町村（特別区を含む。以下同じ。）、老人の福祉を増進することを目的とする事業を行う者その他の保健医療サービス又は福祉サービスを提供する者との密接な連携に努めなければならない。

（特別養護老人ホームの設備及び運営に関する基準第2条）

　ユニット型指定介護老人福祉施設は、入居者一人一人の意思及び人格を尊重し、施設サービス計画に基づき、その居宅における生活への復帰を念頭に置いて、入居前の居宅における生活と入居後の生活が連続したものとなるよう配慮しながら、各ユニットにおいて入居者が相互に社会的関係を築き、自律的な日常生活を営むことを支援しなければならない。

　ユニット型指定介護老人福祉施設は、地域や家庭との結び付きを重視した運営を行い、市町村、居宅介護支援事業者、居宅サービス事業者、他の介護保険施設その他の保健医療サービス又は福祉サービスを提供する者との密接な連携に努めなければならない。

（指定介護老人福祉施設の人員、設備及び運営に関する基準第39条）

●地域密着型介護老人福祉施設

　指定地域密着型サービスに該当する地域密着型介護老人福祉施設入所者生活介護（以下「指定地域密着型介護老人福祉施設入所者生活介護」という。）の事業を行う地域密着型介護老人福祉施設（以下「指定地域密着型介護老人福祉施設」という。）は、地域密着型施設サービス計画（法第8条第22項に規定する地域密着型施設サービス計画をいう。以下同じ。）に基づき、可能な限り、居宅における生活への復帰を念頭に置いて、入浴、排せつ、食事等の介護、相談及び援助、社会生活上の便宜の供与その他の日常生活上の世話、機能訓練、健康管理及び療養上の世話を行うことにより、入所者がその有する能力に応じ自立した日常生活を営むことができるようにすることを目指すものでなければならない。

　指定地域密着型介護老人福祉施設は、入所者の意思及び人格を尊重し、常にその者の立場に立って指定地域密着型介護老人福祉施設入所者生活介護を提供するように努めなければならない。

　指定地域密着型介護老人福祉施設は、明るく家庭的な雰囲気を有し、地域や家庭との結び付きを重視した運営を行い、市町村、居宅介護支援事業者、居宅サービス事業者、地域密着型サービス事業者、他の介護保険施設その他の保健医療サービス又は福祉サービスを提供する者との密接な連携に努めなければならない。

（指定地域密着型サービスの事業の人員、設備及び運営に関する基準第130条）

図表2-16●人員・設備・運営基準
ユニット型の場合

申請者要件	法人であって、介護老人福祉施設事業を行う施設または介護老人福祉施設を設置する者		
	区分	職種・資格	員数
人員基準	従業者	医師	健康管理および療養上の指導を行うために必要な数
		生活相談員	入所者数が100人またはその端数を増すごとに1人以上 生活相談員は常勤でなければならない。
		介護職員	常時1人以上の常勤の介護職員が勤務
		看護職員（看護師または准看護師）	常勤1名以上 ・入所者≦30人：常勤換算方法で1以上 ・31人≦入所者≦50人：常勤換算方法で2以上 ・51人≦入所者≦130人：常勤換算方法で3以上 ・131人≦入所者：常勤換算方法で「3+130を超えて50またはその端数を増すごとに1」以上
		栄養士または管理栄養士	1人以上 （定員40人以下の事業所であって、他の施設等の栄養士との連携を図ることにより効果的な運営を期待でき、入所者の処遇に支障がない場合は、配置しなくても可）

（介護職員・看護職員の員数）入所者数が3人またはその端数を増すごとに1人以上（常勤換算方法）昼間には、ユニットごとに常時1人以上の介護職員または看護職員を配置 夜間・深夜には、2ユニットごとに1人以上の介護職員または看護職員を配置 ユニットごとに常勤のユニットリーダーを配置

人員基準	従業者	機能訓練指導員	1人以上 理学療法士、作業療法士、言語聴覚士、看護職員、柔道整復師またはあん摩マッサージ指圧師、一定の実務経験を有するはり師、きゅう師の資格を有する者 ただし、入所者の日常生活やレクリエーション、行事等を通じて行う場合は、当該施設の生活相談員または介護職員が兼務可 当該事業所の他の職務に従事可能
		介護支援専門員	1人以上（入所者数が100人またはその端数を増すごとに1を標準とする） 入所者の処遇に支障がない場合は、当該事業所の他の職務に従事可能
	管理者	管理者特別養護老人ホームの施設長の資格要件 (1)社会福祉主事任用資格 (2)社会福祉士 (3)精神保健福祉士 (4)社会福祉事業に2年以上従事した者 (5)社会福祉施設長資格認定講習課程修了者	常勤専従1人（管理上支障がない場合、当該事業所の他職務、または同一敷地内の他事業所・施設の職務に従事可）
	職員の専従要件あり		
設備基準	基本的事項		耐火建築物 （入所者の日常生活の場を1階以外に設けていない場合は準耐火建築物でも可）
	ユニット		施設全体を居室と共同生活室によって一体的に構成される場所（ユニット）を単位として構成し、運営すること 各ユニットの入所定員は原則10人以下 特別の事情（敷地や構造上の問題等）によりやむを得ない場合はおおむね10人以下 （入所定員が10人を超えるユニットの数は、総ユニット数の半数以下であること） ※2021年4月以降に整備される施設については、原則としておおむね10人以下とし、15人を超えないものとする

設備基準	ユニット	居室	共同生活室に近接し、一体的に設置 使い慣れた家具を持ち込める広さを保証 面積は10.65㎡以上（居室内洗面設備は含み、居室内便所は除く） 夫婦での利用等でサービスの提供上必要な場合として2人室とする場合は21.3㎡以上 地階に設けることは不可 寝台またはこれに代わる設備を備えること 一以上の出入口は、避難上有効な空地、廊下または広間に直接面して設けること 床面積の14分の1以上に相当する面積を直接外気に面して開放できるようにすること 入所者の身の回り品を保管することができる設備を備えること ブザーまたはこれに代わる設備を設けること
		共同生活室	ユニットの定員×2㎡以上を標準（平成15年4月1日に現存する場合はユニットの定員×2㎡未満可） 地階に設けることは不可 ユニットの入所者が交流し、日常生活を営むにふさわしい場所であること 他のユニットの入所者が通過する形態は不可 当該ユニットの入所者全員とその介護等を行う従業者が一度に食事をしたり、談話等を楽しんだりすることが可能な備品を備えた上で車いすが支障なく通行できる形状が確保されていること 簡易な流し、調理設備の設置が望ましい。
		洗面設備	居室ごとに設けることが望ましい。 共同の場合は2か所以上に分散して設けることが望ましい。 要介護者が使用するのに適したもの
		便所	居室ごとに設けることが望ましい。 共同の場合は2か所以上に分散して設けることが望ましい。 ブザーまたはこれに代わる設備を設けるとともに、要介護者が使用するのに適したもの
	浴室		居室のある階ごとの設置が望ましい。 要介護者が入浴するのに適したもの
	その他		医務室、調理室、洗濯室（または洗濯場）、汚物処理室、介護材料室を設けること（食堂、機能訓練室、浴室、医務室、面談室、調理室、洗濯室（または洗濯場）、汚物処理室、介護材料室は、他の社会福祉施設等の設備を利用することにより効率的運営が可能であり、処遇上支障がない場合は、設けなくても可） 廊下幅1.8m以上（中廊下幅2.7m以上） 常夜灯（廊下、共同生活室、便所等） 階段（緩傾斜） 消火設備その他の非常用設備 傾斜路1基以上（ユニットまたは浴室が2階以上にある場合で、エレベーターを設けない場合）

設備基準	必要な設備および備品等
運営基準上必要な主な書類	サービスの提供の記録 施設サービス計画 身体的拘束等を行う場合には、その態様および時間、その際の入所者の心身の状況ならびに緊急やむを得ない理由の記録 運営規程 勤務表 非常災害に関する具体的計画 苦情内容の記録 事故およびその処置の記録 従業者、設備、備品および会計に関する記録

著者作成

16 介護老人保健施設（図表2-17）

【定義】

「介護老人保健施設」とは、要介護者であって、主としてその心身の機能の維持回復を図り、居宅における生活を営むことができるようにするための支援が必要である者（その治療の必要の程度につき厚生労働省令で定めるものに限る。以下この項において単に「要介護者」という。）に対し、施設サービス計画に基づいて、看護、医学的管理の下における介護及び機能訓練その他必要な医療並びに日常生活上の世話を行うことを目的とする施設として、第94条第1項の都道府県知事の許可を受けたものをいい、「介護保健施設サービス」とは、介護老人保健施設に入所する要介護者に対し、施設サービス計画に基づいて行われる看護、医学的管理の下における介護及び機能訓練その他必要な医療並びに日常生活上の世話をいう。

（介護保険法第8条第28項）

【サービスの基本方針】

　介護老人保健施設は、施設サービス計画に基づいて、看護、医学的管理の下における介護及び機能訓練その他必要な医療並びに日常生活上の世話を行うことにより、入所者がその有する能力に応じ自立した

日常生活を営むことができるようにすることとともに、その者の居宅における生活への復帰を目指すものでなければならない。

　介護老人保健施設は、入所者の意思及び人格を尊重し、常に入所者の立場に立って介護保健施設サービスの提供に努めなければならない。

　介護老人保健施設は、明るく家庭的な雰囲気を有し、地域や家庭との結び付きを重視した運営を行い、市町村、居宅介護支援事業者、居宅サービス事業者、他の介護保険施設その他の保健医療サービス又は福祉サービスを提供する者との密接な連携に努めなければならない。
（介護老人保健施設の人員、施設及び設備並びに運営に関する基準第１条の２）

図表2-17●人員・設備・運営基準
従来型の場合

申請者要件	地方公共団体、医療法人、社会福祉法人その他厚生労働大臣が定める者			
	区分	職種・資格	員数	
人員基準	従業者	医師	［単独老人保健施設］ ・入所者数を100で除して得た数以上（常勤換算方法） ・常勤１人以上 ［病院または診療所併設老人保健施設］ ・入所者数を100で除して得た数以上（常勤換算方法） ・医師のうち１人が施設療養全体の管理に責任を持つ場合、常勤の医師の配置が不要	
		薬剤師	実情に応じた適当数 入所者数を300で除した数以上を標準	
		看護師または准看護師	看護介護職員総数の７分の２程度を標準	入所者数が３人またはその端数を増すごとに１人以上（常勤換算方法） 原則常勤専従 常勤職員が７割程度確保されている場合等、一部に非常勤職員を充てることも可
		介護職員	看護介護職員総数の７分の５程度を標準	
		支援相談員	１人以上（入所者数が100を超える場合にあっては、常勤の支援相談員１人に加え常勤換算方法で、100を超える部分を100で除して得た数以上） 保健医療、社会福祉に関する相当な学識経験を有する常勤職員	
		理学療法士、作業療法士または言語聴覚士	入所者数を100で除して得た数以上（常勤換算方法）	

人員基準	従業者	栄養士または管理栄養士	入所定員100人以上の場合、常勤職員1人以上（併設の病院等の栄養士がいることで栄養指導等の業務に支障がない場合は兼務可）
		介護支援専門員	入所者数が100人またはその端数を増すごとに1人を標準 常勤専従1人以上 増員に係る介護支援専門員については非常勤とすることも可 入所者の処遇に支障がない場合は当該老健施設の他の職務に従事可 ただし非常勤の介護支援専門員を除き居宅介護支援事業所の介護支援専門員との兼務は不可
		調理員、事務員　その他の従業者	実情に応じた適当数 併設施設との兼務や業務委託により適正なサービスを確保できる場合は配置しないことも可
	管理者	原則、医師	常勤専従1人以上 管理業務に支障がない場合「当該老健施設の従業者の職務、または同一敷地内の他事業所・施設等の管理者または従業者の職務、またはサテライト型小規模介護老人保健施設の職務」に従事可
設備基準	療養室		定員4人以下 1人当たり床面積8㎡以上（洗面所および収納設備を含む） 地階は不可 一以上の出入口は、避難口としても有効な空地、廊下等に直面して設けること 寝台等の設備 入所者の身の回り品を保管する設備 ナース・コール
	診察室		診察を行うのに適当なもの
	機能訓練室		1㎡×入所定員以上 必要な器械、器具
	談話室		入所者同士や家族が談話を楽しめる広さ ソファー、テレビその他の教養娯楽設備等
	食堂		2㎡×入所定員以上
	浴室		身体の不自由な者が入浴するのに適したもの 一般浴槽と入浴に介助を要する者の入浴に適した特殊浴槽 特別浴室は、ストレッチャー等の移動に支障のない構造設備
	レクリエーション・ルーム		十分な広さと必要な設備
	洗面所		療養室のある階ごとに設置
	便所		療養室のある階ごとに設置 ブザーまたはこれに代わる設備 身体の不自由な者が使用するのに適したもの 常夜灯
	サービス・ステーション		療養室のある階ごとに療養室に近接して設置

	調理室	消毒、保管、防虫、防鼠の設備
設備基準	汚物処理室等	汚物処理室は、他の施設と区別された一定のスペース 洗濯室または洗濯場を設置
	その他 基本的事項	耐火建築物（入所者の療養生活に充てられる施設を2階以上の階等に設けていない場合は準耐火建築物でも可）（定める要件を満たし、入所者の安全性が確保されている場合は耐火建築物または準耐火建築物としなくても可） 療養室等が2階以上にある場合、屋内の直通階段およびエレベーターをそれぞれ1か所以上設置 療養室等が3階以上にある場合、避難階段を2か所以上設置（構造上の要件を備えた屋内の直通階段を含む） 階段の傾斜は緩やかにし原則として両側に手すりを設置 廊下の構造 ・幅1.8m以上（中廊下の幅2.7m以上）（内法とし手すりを含む） ・原則として両側に手すりを設置 ・常夜灯を設置 車いす、ギャッチベッド、ストレッチャー等 家庭的な雰囲気を確保するため、木製風のベッド、絵画、鉢植え等の配置や壁紙の工夫等に配慮 教養娯楽の本棚、音響設備、理美容設備等の配置に努める。 車いす等の移動に支障のないよう段差解消に努める。 消火設備その他非常災害に必要な設備
		入所者処遇に支障がない場合を除き専用施設とする。 療養室、談話室は併設施設との共用不可 療養室、談話室以外の施設の共用は、老健施設と併設施設双方の基準を満たし、両施設の入所者処遇に支障がない場合に限り可 病院等の施設と同一建物とする場合、壁や廊下の色を変える等により施設の区分を明確にすること ただし、病院等とそれぞれ専用の入口が設けられている場合、それぞれに通じる建物の玄関、ホール、階段、エレベーター、廊下等は共用可（病院等と同一階での共存は不可）
		以上のほか、建築基準法、消防法等の関係規定を遵守するとともに、日照、採光、換気等も考慮し、保健衛生および防災に万全を期すこと 健全な療養生活の維持のため、煤煙、騒音、振動等を極力排除し、交通、水利の便等を十分考慮すること
		機能訓練室、談話室、食堂、レクリエーション・ルームを1つのオープンスペースとすることは、全体の面積が各施設の基準面積を合計したもの以上あれば可
		談話室とレクリエーション・ルームの兼用、洗面所と便所、洗濯室と汚物処理室が同一区画にあることは可 焼却炉、浄化槽、その他の汚物処理設備および便槽は、療養室、談話室、食堂、調理室から相当の距離を隔てて設置すること 床面積を定めない施設は、機能を十分に発揮し得る適当な広さを確保すること 薬剤師が施設内で調剤を行う場合は調剤所が必要
		家族相談室、ボランティア・ルーム、家族介護教室は設置することが望ましい。

運営基準上必要な主な書類	サービスの提供の記録
	施設サービス計画
	身体的拘束等を行う場合には、その態様および時間、その際の入所者の心身の状況ならびに緊急やむを得ない理由の記録
	リハビリテーション実施計画
	運営規程
	勤務表
	非常災害に関する具体的計画
	苦情内容の記録
	事故およびその処置の記録
	従業者、設備、備品および会計に関する記録

著者作成

※介護療養型老人保健施設から介護医療院に転換する場合について、療養室の床面積や廊下幅等の基準緩和等、現行の介護療養型老人保健施設が転換するにあたり配慮が必要な事項については、基準の緩和等を行うこととする。
　その際、転換前の介護療養型医療施設又は医療療養病床では有していたが、転換の際に一部撤去している可能性がある設備等については、サービスに支障の無い範囲で配慮を行うこととする。

17　介護医療院（図表2-18）

【定義】

「介護医療院」とは、要介護者であって、主として長期にわたり療養が必要である者に対し、施設サービス計画に基づいて、療養上の管理、看護、医学的管理の下における介護及び機能訓練その他必要な医療並びに日常生活上の世話を行うことを目的とする施設として、第107条第1項の都道府県知事の許可を受けたものをいい、「介護医療院サービス」とは、介護医療院に入所する要介護者に対し、施設サービス計画に基づいて行われる療養上の管理、看護、医学的管理の下における介護及び機能訓練その他必要な医療並びに日常生活上の世話をいう。

（介護保険法第8条第29項）

【サービスの基本方針】

　介護医療院は、長期にわたり療養が必要である者に対し、施設サービス計画に基づいて、療養上の管理、看護、医学的管理の下における介護及び機能訓練その他必要な医療並びに日常生活上の世話を行うこ

とにより、その者がその有する能力に応じ自立した日常生活を営むことができるようにするものでなければならない。

　介護医療院は、入所者の意思及び人格を尊重し、常に入所者の立場に立って介護医療院サービスの提供に努めなければならない。

　介護医療院は、明るく家庭的な雰囲気を有し、地域や家庭との結び付きを重視した運営を行い、市町村（特別区を含む。）、居宅介護支援事業者（居宅介護支援事業を行う者をいう。）、居宅サービス事業者（居宅サービス事業を行う者をいう。）、他の介護保険施設その他の保健医療サービス又は福祉サービスを提供する者との密接な連携に努めなければならない。（介護医療院の人員、施設及び設備並びに運営に関する基準第2条）

図表2-18●人員・設備・運営基準

申請者要件	地方公共団体、医療法人、社会福祉法人その他厚生労働大臣が定める者		
	区分	職種・資格	員　数
人員基準	従業者	医師	Ⅰ型療養床入所者数を48で除した数に、Ⅱ型療養床入所の数を100で除した数を加えて得た数以上（ただし3人以上）
		薬剤師	Ⅰ型入所者の数を150で除した数に、Ⅱ型入所者の数を300で除した数を加えて得た数以上
		看護師または准看護師	入所者の数を6で除した数以上
		介護職員	Ⅰ型入所者の数を5で除した数に、Ⅱ型入所者の数を6で除した数を加えて得た数以上
		理学療法士、作業療法士または言語聴覚士	実情に応じた適当数
		栄養士または管理栄養士	入所定員が100名以上の場合に1以上（同一敷地内にある病院等の栄養士がいる場合には、兼務可。入所定員が100名未満の場合も配置が望ましい）
		介護支援専門員	常勤専従1人以上（入所者数が100人またはその端数を増すごとに1人以上）
		診療放射線技師	実情に応じた適当数
		調理員、事務員等	実情に応じた適当数

設備基準	療養室	定員4人以下。1人当たり床面積8㎡以上
	機能訓練室	床面積が40㎡以上（内法で測定） 必要な器械および器具を備えていること
設備基準	談話室	入院患者同士や入院患者とその家族が談話を楽しめる広さ
	食堂	床面積が1㎡以上（入院患者1人当たり、内法で測定）
	浴室	身体の不自由な者が入浴するのに適したもの 一般浴槽のほか、入浴に介助を必要とする者の入浴に適した特別浴槽を設けること
	レクリエーション・ルーム	十分な広さと必要な設備
	洗面所	身体の不自由な者が利用するのに適したもの
	便所	身体の不自由な者が利用するのに適したもの
運営基準上必要な主な書類	サービスの提供の記録 施設サービス計画 褥瘡予防計画、褥瘡対策の指針 身体的拘束等を行う場合には、その態様および時間、その際の利用者の心身の状況ならびに緊急やむを得ない理由の記録 運営規程 勤務表 非常災害に関する具体的計画 苦情内容の記録 事故およびその処置の記録 従業者、設備、備品および会計に関する記録	

著者作成

※Ⅰ型療養床は、療養床のうち、主として長期にわたり療養が必要である者であって、重篤な身体疾病を有する者、身体合併症を有する認知症高齢者等を入所させるためのもの。Ⅱ型療養床は、Ⅰ型療養床以外のものをいう。

18 介護療養型医療施設（図表2-19）

【定義】

　この法律において「介護療養型医療施設」とは、療養病床等（医療法（昭和23年法律第205号）第7条第2項第4号に規定する療養病床のうち要介護者の心身の特性に応じた適切な看護が行われるものとして政令で定めるもの又は療養病床以外の病院の病床のうち認知症である要介護者の心身の特性に応じた適切な看護が行われるものとして政令

で定めるものをいう。以下同じ。）を有する病院又は診療所であって、当該療養病床等に入院する要介護者（その治療の必要の程度につき厚生労働省令で定めるものに限る。以下この項において同じ。）に対し、施設サービス計画に基づいて、療養上の管理、看護、医学的管理の下における介護その他の世話及び機能訓練その他必要な医療を行うことを目的とする施設をいい、「介護療養施設サービス」とは、介護療養型医療施設の療養病床等に入院する要介護者に対し、施設サービス計画に基づいて行われる療養上の管理、看護、医学的管理の下における介護その他の世話及び機能訓練その他必要な医療をいう。

（旧介護保険法第8条第26項）

【サービスの基本方針】

　指定介護療養型医療施設は、長期にわたる療養を必要とする要介護者に対し、施設サービス計画に基づいて、療養上の管理、看護、医学的管理の下における介護その他の世話及び機能訓練その他の必要な医療を行うことにより、その者がその有する能力に応じ自立した日常生活を営むことができるようにするものでなければならない。

　指定介護療養型医療施設は、入院患者の意思及び人格を尊重し、常に入院患者の立場に立って指定介護療養施設サービスの提供に努めなければならない。

　指定介護療養型医療施設は、地域や家庭との結び付きを重視した運営を行い、市町村、居宅介護支援事業者、居宅サービス事業者、他の介護保険施設その他の保健医療サービス又は福祉サービスを提供する者との密接な連携に努めなければならない。

（旧指定介護療養型医療施設の人員、設備及び運営に関する基準第1条）

　介護療養病床については、2017（平成29）年度末で廃止が予定されていましたが、2023年度末に延期されました。

図表2-19●人員・設備・運営基準
病院の場合（従来型）

申請者要件	病院の開設者		
	区分	職種・資格	員数
人員基準	従業者	医師、薬剤師および栄養士	医療法に規定する基準以上
		看護師または准看護師	療養病棟につき、入院患者数が6人またはその端数を増すごとに1人以上（常勤換算方法）
		介護職員	療養病棟につき、入院患者数が6人またはその端数を増すごとに1人以上（常勤換算方法）
		理学療法士、作業療法士または言語聴覚士	実情に応じた適当数
		介護支援専門員	1人以上（入院患者数が100人またはその端数を増すごとに1人以上）
設備基準	病室		1の病室の病床数が4床以下 床面積が6.4㎡以上（入院患者1人当たり、内法で測定）
	廊下		廊下の幅が1.8m以上（片廊下、内法で測定） 廊下の幅が2.7m以上（中廊下、内法で測定）
	機能訓練室		床面積が40㎡以上（内法で測定） 必要な器械および器具を備えていること
	談話室		入院患者同士や入院患者とその家族が談話を楽しめる広さ
	食堂		床面積が1㎡以上（入院患者1人当たり、内法で測定）
	浴室		身体の不自由な者が入浴するのに適したもの
	非常災害設備		消火設備その他の非常災害に際して必要な設備
運営基準上必要な主な書類	サービスの提供の記録 施設サービス計画 褥瘡予防計画、褥瘡対策の指針 身体的拘束等を行う場合には、その態様および時間、その際の入院患者の心身の状況ならびに緊急やむを得ない理由の記録 運営規程 勤務表 非常災害に関する具体的計画 苦情内容の記録 事故およびその処置の記録 従業者、設備、備品および会計に関する記録		

著者作成

19 定期巡回・随時対応型訪問介護看護
（図表2-20）

【定義】

「定期巡回・随時対応型訪問介護看護」とは、次の各号のいずれかに該当するものをいう。

（1）居宅要介護者について、定期的な巡回訪問により、又は随時通報を受け、その者の居宅において、介護福祉士その他第2項の政令で定める者により行われる入浴、排せつ、食事等の介護その他の日常生活上の世話であって、厚生労働省令で定めるものを行うとともに、看護師その他厚生労働省令で定める者により行われる療養上の世話又は必要な診療の補助を行うこと。ただし、療養上の世話又は必要な診療の補助にあっては、主治の医師がその治療の必要の程度につき厚生労働省令で定める基準に適合していると認めた居宅要介護者についてのものに限る。

（2）居宅要介護者について、定期的な巡回訪問により、又は随時通報を受け、訪問看護を行う事業所と連携しつつ、その者の居宅において介護福祉士その他第2項の政令で定める者により行われる入浴、排せつ、食事等の介護その他の日常生活上の世話であって、厚生労働省令で定めるものを行うこと。

（介護保険法第8条第15項）

【サービスの基本方針】

　指定地域密着型サービスに該当する定期巡回・随時対応型訪問介護看護の事業は、要介護状態となった場合においても、その利用者が尊厳を保持し、可能な限りその居宅において、その有する能力に応じ自立した日常生活を営むことができるよう、定期的な巡回又は随時通報によりその者の居宅を訪問し、入浴、排せつ、食事等の介護、日常生活上の緊急時の対応その他の安心してその居宅において生活を送ることができるようにするための援助を行うとともに、その療養生活を支

援し、心身の機能の維持回復を目指すものでなければならない。

（指定地域密着型サービスの事業の人員、設備及び運営に関する基準
第３条の２）

図表2-20●人員・設備・運営基準
介護・看護一体型の場合

申請者要件				法人	
	区分	職種・資格		員数	
人員基準	従業者	訪問介護員等	定期巡回サービスを行う訪問介護員等	介護福祉士 実務者研修修了者 初任者研修修了者 生活援助従事者研修修了者	交通事情、訪問頻度等を勘案し、利用者に適切に定期巡回サービスを提供するために必要な数以上
			随時訪問サービスを行う訪問介護員等		提供時間帯を通じて、随時訪問サービスの提供に当たる訪問介護員等が１人以上確保されるために必要な数以上（利用者の処遇に支障がない場合は、定期巡回サービスに従事可） オペレーターが随時訪問サービスを行う訪問介護員等を兼務可
		看護職員	うち１人以上は常勤の保健師または看護師従業者	保健師 看護師、准看護師	常勤換算で2.5人以上（併設訪問看護事業所と合算可能） 常時オンコール体制を確保
				理学療法士、作業療法士、言語聴覚士	事業所の実情に応じた適当数
		オペレーター		医師、保健師、看護師、准看護師、社会福祉士、介護支援専門員のうち、常勤の者１人以上 ＋ １年以上訪問介護のサービス提供責任者として従事した者（初任者研修修了者・旧２級修了者のサービス提供責任者については、３年以上の経験を要する）	利用者の処遇に支障がない範囲で、当該事業所の他職種および同一敷地内の他の事業所・施設等（特養・老健等の夜勤職員、訪問介護のサービス提供責任者、夜間対応型訪問介護のオペレーター）との兼務可
		計画作成責任者			当該事業所の他職種との兼務可

人員基準	管理者		常勤専従1人（管理上支障がない場合は、当該事業所の他の職務、または同一敷地内の他の事業所、施設等の職務に従事可）
設備基準		事業の運営を行うために必要な広さの専用区画 定期巡回・随時対応型訪問介護看護の提供に必要な設備および備品等	
		利用者が円滑に通報し、迅速な対応を受けることができるよう、次に掲げる機器等を備え、必要に応じてオペレーターに当該機器等を携帯させなければならない。 ・利用者の心身の状況等の情報を蓄積することができる機器等（定期巡回・随時対応型訪問介護看護事業者が適切に利用者の心身の情報等を蓄積するための体制を確保している場合であって、オペレーターが当該情報を常時閲覧できるときは、これを備えないことができる） ・随時適切に利用者からの通報を受けることができる通信機器等	
		利用者に対して、援助を必要とする状態となったときに適切にオペレーションセンターに通報できる端末機器の配布（利用者が適切にオペレーターに随時の通報を行うことができる場合は、この限りでない）	
運営基準		定期巡回・随時対応型訪問介護看護事業者が夜間対応型訪問介護事業者の指定を併せて受け、かつ、定期巡回・随時対応型訪問介護看護の事業と夜間対応型訪問介護の事業とが同一の事業所において一体的に運営されている場合については、夜間対応型訪問介護の基準を満たすことをもって、基準を満たしているものとみなすことができる。	
		訪問看護サービスの一部について、他の訪問看護事業所との契約に基づき、その訪問看護事業所に行わせることができる。	
運営基準上必要な主な書類		サービスの提供の記録 定期巡回・随時対応型訪問介護看護計画 訪問看護報告書 運営規程 勤務表 苦情内容の記録 事故およびその処置の記録 従業者、設備、備品および会計に関する記録	

著者作成

20　夜間対応型訪問介護（図表2-21）

【定義】

「夜間対応型訪問介護」とは、居宅要介護者について、夜間において、定期的な巡回訪問により、又は随時通報を受け、その者の居宅において介護福祉士その他第2項の政令で定める者により行われる入浴、排せつ、食事等の介護その他の日常生活上の世話であって、厚生労働省

令で定めるもの（定期巡回・随時対応型訪問介護看護に該当するもの
を除く。）をいう。

（介護保険法第8条第16項）

【サービスの基本方針】

指定地域密着型サービスに該当する夜間対応型訪問介護の事業は、
要介護状態となった場合においても、その利用者が可能な限りその居
宅において、その有する能力に応じ自立した日常生活を営むことがで
きるよう、夜間において、定期的な巡回又は随時通報によりその者の
居宅を訪問し、排せつの介護、日常生活上の緊急時の対応その他の夜
間において安心してその居宅において生活を送ることができるように
するための援助を行うものでなければならない。

（指定地域密着型サービスの事業の人員、設備及び運営に関する基準
第4条）

図表2-21 ●人員・設備・運営基準

申請者要件	法人		
	区分	職種・資格	員数
人員基準	従業者 オペレーションセンター従業者	①看護師・准看護師 ②介護福祉士 ③医師 ④保健師 ⑤社会福祉士および介護支援専門員	指定夜間対応型訪問介護を提供する時間帯を通じてオペレーター1人以上および利用者の面接その他の業務を行う者（面接相談員）として1人以上 オペレーターは併設施設の職員、または随時訪問サービスを行う訪問施設職員と兼務可 オペレーションセンターを設置しない場合は、オペレーションセンター従業者を置かないことができる。
	定期巡回サービスを行う訪問介護員等	介護福祉士 実務者研修修了者 初任者研修修了者 生活援助従事者研修修了者	交通事情、訪問頻度等を勘案し、利用者に適切に定期巡回サービスを提供するために必要な数以上
	随時訪問サービスを行う訪問介護員等		指定夜間対応型訪問介護を提供する時間帯を通じて専ら随時訪問サービスの提供に当たる訪問介護員等が1人以上確保されるために必要な数以上（利用者の処遇に支障がない場合は、当該夜間対応型訪問介護事業所の定期巡回サービスに従事可）
	管理者		常勤専従1人（管理上支障がない場合、当該事業所の他職務に従事可）

設備基準	事業の運営を行うために必要な広さの専用区画 夜間対応型訪問介護の提供に必要な設備および備品等	
	オペレーションセンター	利用者の心身の状況等の情報を蓄積し、随時適切に利用者からの通報を受けることができる通信機器等
	利用者に対して、援助を必要とする状態となったときに適切にオペレーションセンターに通報できる端末機器の配布	
運営基準上必要な主な書類	サービスの提供の記録 夜間対応型訪問介護計画 運営規程 勤務表 苦情内容の記録 事故およびその処置の記録 従業者、設備、備品および会計に関する記録	

著者作成

21 認知症対応型通所介護・介護予防認知症対応型通所介護（図表2-22）

【定義】

●認知症対応型通所介護

「認知症対応型通所介護」とは、居宅要介護者であって、認知症であるものについて、老人福祉法第5条の2第3項の厚生労働省令で定める施設又は同法第20条の2の2に規定する老人デイサービスセンターに通わせ、当該施設において入浴、排せつ、食事等の介護その他の日常生活上の世話であって厚生労働省令で定めるもの及び機能訓練を行うことをいう。

（介護保険法第8条第18項）

●介護予防認知症対応型通所介護

「介護予防認知症対応型通所介護」とは、居宅要支援者であって、認知症であるものについて、その介護予防を目的として、老人福祉法第5条の2第3項の厚生労働省令で定める施設又は同法第20条の2の2に規定する老人デイサービスセンターに通わせ、当該施設において、厚生労働省令で定める期間にわたり、入浴、排せつ、食事等の介護そ

の他の日常生活上の支援であって厚生労働省令で定めるもの及び機能訓練を行うことをいう。

（介護保険法第8条の2第13項）

【サービスの基本方針】

●認知症対応型通所介護

　指定地域密着型サービスに該当する認知症対応型通所介護の事業は、要介護状態となった場合においても、その認知症である利用者が可能な限りその居宅において、その有する能力に応じ自立した日常生活を営むことができるよう生活機能の維持又は向上を目指し、必要な日常生活上の世話及び機能訓練を行うことにより、利用者の社会的孤立感の解消及び心身の機能の維持並びに利用者の家族の身体的及び精神的負担の軽減を図るものでなければならない。

（指定地域密着型サービスの事業の人員、設備及び運営に関する基準第41条）

●介護予防認知症対応型通所介護

　指定地域密着型介護予防サービスに該当する介護予防認知症対応型通所介護の事業は、その認知症である利用者が可能な限りその居宅において、自立した日常生活を営むことができるよう、必要な日常生活上の支援及び機能訓練を行うことにより、利用者の心身機能の維持回復を図り、もって利用者の生活機能の維持又は向上を目指すものでなければならない。

（指定地域密着型介護予防サービスの事業の人員、設備及び運営並びに指定地域密着型介護予防サービスに係る介護予防のための効果的な支援の方法に関する基準第4条）

図表2-22●人員・設備・運営基準
単独型、併設型の場合

申請者要件	法人			
	区分	職種・資格	員数	
人員基準	従業者	生活相談員	社会福祉主事、社会福祉士、精神保健福祉士、またはこれらと同等の能力を有すると法人が申し立てたもの	提供時間数に応じて専従1人以上	うち1人以上は常勤
		看護職員（看護師または准看護師）または介護職員		単位ごとに提供時間数に応じて専従2人以上	
		機能訓練指導員	理学療法士、作業療法士、言語聴覚士、看護職員、柔道整復師、あん摩マッサージ指圧師、一定の実務経験を有するはり師、きゅう師の資格を有する者 ただし、利用者の日常生活やレクリエーション、行事を通じて行う機能訓練については、当該事業所の生活相談員または介護職員が兼務して行っても差し支えない。	1人以上	
		介護予防の指定を併せて受け、同一の事業所で一体的に運営されている場合、介護予防の人員に関する基準を満たすことをもって、基準を満たしているものとみなすことができる。		
	管理者			常勤専従1人（管理上支障がない場合、当該事業所の他職務、または同一敷地内の他事業所・施設の職務に従事可）	
定員	1ユニット　3人以下			
設備基準	食堂および機能訓練室	合計面積が、利用定員×3㎡以上 食事の提供、機能訓練に支障がない場合は、食堂および機能訓練室が同一の場所でも可能		
	相談室	遮へい物の設置等		
	事務室、静養室			
	消火設備その他の非常災害に際して必要な設備			
	その他必要な設備および備品等			
	上記設備は当該事業所専用とすること（サービスの提供に支障がない場合は兼用可）			

基準	設備	介護予防の指定を併せて受け、同一の事業所で一体的に運営されている場合、介護予防の設備に関する基準を満たすことをもって、基準を満たしているものとみなすことができる。
	運営基準	介護保険制度外で夜間および深夜のサービスを実施する場合、届出や事故時の報告が必要
		地域との連携等に関する規定あり（平成28年度〜）
	運営基準上必要な主な書類	サービスの提供の記録 （介護予防）認知症対応型通所介護計画 運営規程 勤務表 非常災害に関する具体的計画 苦情内容の記録 事故およびその処置の記録 従業者、設備、備品および会計に関する記録

著者作成

22 小規模多機能型居宅介護・介護予防小規模多機能型居宅介護（図表2-23）

【定義】

●小規模多機能型居宅介護

「小規模多機能型居宅介護」とは、居宅要介護者について、その者の心身の状況、その置かれている環境等に応じて、その者の選択に基づき、その者の居宅において、又は厚生労働省令で定めるサービスの拠点に通わせ、若しくは短期間宿泊させ、当該拠点において、入浴、排せつ、食事等の介護その他の日常生活上の世話であって厚生労働省令で定めるもの及び機能訓練を行うことをいう。

（介護保険法第8条第19項）

●介護予防小規模多機能型居宅介護

「介護予防小規模多機能型居宅介護」とは、居宅要支援者について、その者の心身の状況、その置かれている環境等に応じて、その者の選択に基づき、その者の居宅において、又は厚生労働省令で定めるサービスの拠点に通わせ、若しくは短期間宿泊させ、当該拠点において、その介護予防を目的として、入浴、排せつ、食事等の介護その他の日

常生活上の支援であって厚生労働省令で定めるもの及び機能訓練を行うことをいう。

（介護保険法第8条の2第14項）

【サービスの基本方針】

●小規模多機能型居宅介護

　指定地域密着型サービスに該当する小規模多機能型居宅介護の事業は、要介護者について、その居宅において、又はサービスの拠点に通わせ、若しくは短期間宿泊させ、当該拠点において、家族的な環境と地域住民との交流の下で、入浴、排せつ、食事等の介護その他の日常生活上の世話及び機能訓練を行うことにより、利用者がその有する能力に応じその居宅において自立した日常生活を営むことができるようにするものでなければならない。

（指定地域密着型サービスの事業の人員、設備及び運営に関する基準第62条）

●介護予防小規模多機能型居宅介護

　指定地域密着型介護予防サービスに該当する介護予防小規模多機能型居宅介護の事業は、その利用者が可能な限りその居宅において、又はサービスの拠点に通わせ、若しくは短期間宿泊させ、当該拠点において、家族的な環境と地域住民との交流の下で自立した日常生活を営むことができるよう、入浴、排せつ、食事等の介護その他の日常生活上の支援及び機能訓練を行うことにより、利用者の心身機能の維持回復を図り、もって利用者の生活機能の維持又は向上を目指すものでなければならない。

（指定地域密着型介護予防サービスの事業の人員、設備及び運営並びに指定地域密着型介護予防サービスに係る介護予防のための効果的な支援の方法に関する基準第43条）

図表2−23●人員・設備・運営基準

申請者要件	法人				
	区分	職種・資格	員数		
人員基準	従業者	介護従業者（1人以上は看護師または准看護師）	夜間・深夜以外	通いサービスの利用者3人またはその端数を増すごとに常勤換算で1人以上および訪問サービスの提供に当たる介護従業者を常勤換算で1人以上	うち1人以上は常勤
			夜間・深夜	【宿泊利用者あり】夜間および深夜の勤務1人以上　宿直勤務1人以上　【宿泊利用者なし】宿泊サービスの利用者がいない場合で、夜間・深夜の時間帯に訪問サービスを提供するための連絡体制を整備しているときは、宿直・夜勤を置かないことができる。	
			認知症対応型共同生活介護事業所・地域密着型特定施設・地域密着型介護老人福祉施設・介護療養型医療施設・介護医療院の5施設等が併設されている場合は、上記の人員基準を満たし、かつ5施設等の人員基準が満たされていれば、兼務可能		
			看護職員が兼務可能な施設・事業所　・同一敷地内または隣接する施設・事業所　・介護老人福祉施設や介護老人保健施設、介護医療院		
		介護支援専門員（厚生労働大臣が定める研修の修了者）	専従　利用者の処遇に支障がないときは、当該事業所の他の職務に従事し、または当該事業所に併設する5施設等の職務に従事することが可能		
		介護予防の指定を併せて受け、同一の事業所で一体的に運営されている場合、介護予防の人員に関する基準を満たすことをもって、基準を満たしているものとみなすことができる。			
	管理者	特養、老人デイ、老健、介護医療院、グループホーム等の従業者もしくは訪問介護員等として3年以上認知症介護経験を有する者で、別に厚生労働大臣が定める研修の修了者	常勤専従1人（管理上支障がない場合は、当該事業所の他の職務、または当該事業所に併設する施設等に従事可。同一敷地内に併設する事業所が、介護予防日常生活支援総合事業を行う場合、利用者の処遇に支障がなければ、介護予防日常生活支援総合事業の訪問型サービスや通所型サービスの職務と兼務可）		

人員基準	代表者	特養、老人デイ、老健、介護医療院、グループホーム等の従業者もしくは訪問介護員等として認知症介護経験を有する者、または保健医療サービスか福祉サービスの経営に携わった経験を有するもので、厚生労働大臣が定める研修の修了者
定員		登録定員29人以下 通いサービスの利用定員 登録定員×1／2〜15人の範囲内で当該事業者が定める1日当たりの利用者数の上限 登録定員が26人以上29人以下で、十分な居住スペースがあるとみとめられる場合、利用定員を18人以下として可 宿泊サービスの利用定員 通いサービスの利用定員×1／3〜9人の範囲内で当該事業者が定める1日当たりの利用者数の上限
設備基準	食堂 居間および	合計面積≧3㎡×通いサービスの利用定員 同一の場所とすることができる。
	宿泊室	【個室】 定員は1人。ただし、利用者の処遇上必要と認められる場合は、2人とすることができる。 床面積≧7.43㎡ 【個室以外】 個室以外の宿泊室の面積合計≧7.43㎡×宿泊サービスの利用定員構造は、利用者のプライバシーが確保されたものでなければならない。居間がプライバシーの確保がなされていれば、個室以外の宿泊室の面積に含めてもよい。
		台所、浴室
		消火設備その他の非常災害に際して必要な設備
		その他必要な設備および備品等
		居間および食堂を除き、介護予防日常生活支援総合事業の訪問型サービスや通所型サービス等との共用
		介護予防の指定を併せて受け、同一の事業所で一体的に運営されている場合、介護予防の設備に関する基準を満たすことをもって、基準を満たしているものとみなすことができる。
立地		利用者の家族との交流の機会の確保や地域住民との交流を図る観点から、住宅地にあることまたは住宅地と同程度に利用者の家族や地域住民との交流の機会が確保される地域の中にあるようにしなければならない。

	サービスの提供の記録
運営基準上必要な主な書類	（介護予防）小規模多機能型居宅介護計画
	居宅サービス計画
	運営規程
	勤務表
	非常災害に関する具体的計画
	苦情内容の記録
	事故およびその処置の記録
	従業者、設備、備品および会計に関する記録

著者作成

23　看護小規模多機能型居宅介護（図表2-24）

【定義】

「看護小規模多機能型居宅介護（複合型サービス）」とは、居宅要介護者について、訪問介護、訪問入浴介護、訪問看護、訪問リハビリテーション、居宅療養管理指導、通所介護、通所リハビリテーション、短期入所生活介護、短期入所療養介護、定期巡回・随時対応型訪問介護看護、夜間対応型訪問介護、地域密着型通所介護、認知症対応型通所介護又は小規模多機能型居宅介護を二種類以上組み合わせることにより提供されるサービスのうち、訪問看護及び小規模多機能型居宅介護の組合せその他の居宅要介護者について一体的に提供されることが特に効果的かつ効率的なサービスの組合せにより提供されるサービスとして厚生労働省令で定めるものをいう。

（介護保険法第8条第23項）

【サービスの基本方針】

　指定地域密着型サービスに該当する看護小規模多機能型居宅介護（複合型サービス）の事業は、指定居宅サービス等基準第59条に規定する訪問看護の基本方針及び第62条に規定する小規模多機能型居宅介護の基本方針を踏まえて行うものでなければならない。

　（指定地域密着型サービスの事業の人員、設備及び運営に関する基準

第170条)

図表2-24●人員・設備・運営基準

申請者要件	法人			
	区分	職種・資格	員数	
人員基準	従業者	介護従業者（常勤換算で2.5人以上は保健師、看護師または准看護師で、うち1人以上は常勤の保健師または看護師）	夜間・深夜以外	通いサービスの利用者3人またはその端数を増すごとに常勤換算で1人以上 訪問サービスの提供に当たる介護従業者を常勤換算で2人以上 うち1人以上は保健師、看護師または准看護師
			夜間・深夜	【宿泊利用者あり】 夜間および深夜の勤務1人以上 宿直勤務1人以上 【宿泊利用者なし】 宿泊サービスの利用者がいない場合で、夜間・深夜の時間帯に訪問サービスを提供するための連絡体制を整備しているときは、宿直・夜勤を置かないことができる。
			認知症対応型共同生活介護事業所・地域密着型特定施設・地域密着型介護老人福祉施設・介護療養型医療施設・介護医療院の5施設等が併設されている場合は、上記の人員基準を満たし、かつ5施設等の人員基準が満たされていれば、兼務可能	
		介護支援専門員（厚生労働大臣が定める研修の修了者）	専従 利用者の処遇に支障がないときは、当該事業所の他の職務に従事し、または当該事業所に併設する5施設等の職務に従事することが可能	
	管理者	特養、老人デイ、老健、介護医療院、小規模多機能、グループホーム等の従業者もしくは訪問介護員等として3年以上認知症介護経験を有する者で、別に厚生労働大臣が定める研修の修了者または保健師もしくは看護師	常勤専従1人（管理上支障がない場合は、当該事業所の他の職務、または当該事業所に併設する5施設等に従事可）	

人員基準	代表者	特養、老人デイ、老健、介護医療院、小規模多機能、グループホーム等の従業者もしくは訪問介護員等として認知症介護経験を有する者、または保健医療サービスか福祉サービスの経営に携わった経験を有するもので、厚生労働大臣が定める研修の修了者または保健師もしくは看護師	
定員		・登録定員29人以下 ・通いサービスの利用定員 　登録定員×1／2～15人の範囲内で当該事業者が定める1日当たりの利用者数の上限 　登録定員が26人以上29人以下で、十分な居住スペースがあるとみとめられる場合、利用定員を18人以下として可 ・宿泊サービスの利用定員 　通いサービスの利用定員×1／3～9人の範囲内で当該事業者が定める1日当たりの利用者数の上限	
設備基準	居間および食堂	合計面積≧3㎡×通いサービスの利用定員 同一の場所とすることができる。	
	宿泊室	【個室】 定員は1人。ただし、利用者の処遇上必要と認められる場合は、2人とすることができる。 床面積≧7.43㎡ 【個室以外】 個室以外の宿泊室の面積合計≧7.43㎡×宿泊サービスの利用定員 構造は、利用者のプライバシーが確保されたものでなければならない。 居間がプライバシーの確保がなされていれば、個室以外の宿泊室の面積に含めてもよい。	
	台所、浴室		
	消火設備その他の非常災害に際して必要な設備		
	その他必要な設備および備品等		
	上記設備は当該事業所専用とすること（サービスの提供に支障がない場合は兼用可能）		
立地		利用者の家族との交流の機会の確保や地域住民との交流を図る観点から、住宅地にあることまたは住宅地と同程度に利用者の家族や地域住民との交流の機会が確保される地域の中にあるようにしなければならない。	

| 運営基準上必要な主な書類 | サービスの提供の記録
看護小規模多機能型居宅介護（複合型サービス）計画および看護小規模多機能型居宅介護（複合型サービス）報告書
居宅サービス計画
運営規程
勤務表
非常災害に関する具体的計画
苦情内容の記録
事故およびその処置の記録
従業者、設備、備品および会計に関する記録 |

著者作成

　2018（平成30）年度介護報酬改定時に、サテライト型看護小規模多機能型居宅介護事業所が創設されました。主な基準は、以下の通りです。

○代表者・管理者・介護支援専門員・夜間の宿直者（緊急時の訪問対応要員）は、本体事業所との兼務等により、サテライト型看護小規模多機能型居宅介護事業所に配置しないことができる。

○本体事業所はサテライト事業所の支援機能を有する必要があることから、サテライト型看護小規模多機能型居宅介護事業所の本体事業所は看護小規模多機能型居宅介護事業所とし、24時間の訪問（看護）体制の確保として緊急時訪問看護加算の届出事業所に限定する。

○医療ニーズに対応するため、看護職員の人数については常勤換算1.0人以上とする。

○サテライト型看護小規模多機能型居宅介護事業所は、本体事業所が訪問看護事業所の指定を合わせて受けている場合には、一定の要件を満たす場合については、サテライト事業所を主たる事業所と含めて指定できる。

24 認知症対応型共同生活介護・介護予防認知症対応型共同生活介護（図表2-25）

【定義】

●認知症対応型共同生活介護

　この法律において「認知症対応型共同生活介護」とは、要介護者で

あって認知症であるもの（その者の認知症の原因となる疾患が急性の状態にある者を除く。）について、その共同生活を営むべき住居において、入浴、排せつ、食事等の介護その他の日常生活上の世話及び機能訓練を行うことをいう。（介護保険法第8条第20項）

●介護予防認知症対応型共同生活介護

　この法律において「介護予防認知症対応型共同生活介護」とは、要支援者（厚生労働省令で定める要支援状態区分に該当する状態である者に限る。）であって認知症であるもの（その者の認知症の原因となる疾患が急性の状態にある者を除く。）について、その共同生活を営むべき住居において、その介護予防を目的として、入浴、排せつ、食事等の介護その他の日常生活上の支援及び機能訓練を行うことをいう。（介護保険法第8条の2第15項）

【サービスの基本方針】

●認知症対応型共同生活介護

　指定地域密着型サービスに該当する認知症対応型共同生活介護の事業は、要介護者であって認知症であるものについて、共同生活住居において、家庭的な環境と地域住民との交流の下で入浴、排せつ、食事等の介護その他の日常生活上の世話及び機能訓練を行うことにより、利用者がその有する能力に応じ自立した日常生活を営むことができるようにするものでなければならない。

　（指定地域密着型サービスの事業の人員、設備及び運営に関する基準第89条）

●介護予防認知症対応型共同生活介護

　指定地域密着型介護予防サービスに該当する介護予防認知症対応型共同生活介護の事業は、その認知症である利用者が可能な限り共同生活住居において、家庭的な環境と地域住民との交流の下で入浴、排せつ、食事等の介護その他の日常生活上の支援及び機能訓練を行うこと

により、利用者の心身機能の維持回復を図り、もって利用者の生活機能の維持又は向上を目指すものでなければならない。

（指定地域密着型介護予防サービスの事業の人員、設備及び運営並びに指定地域密着型介護予防サービスに係る介護予防のための効果的な支援の方法に関する基準第69条）

図表2-25●人員・設備・運営基準

申請者要件	法人			
	区分	職種・資格	員数	
人員基準	従業者	介護従業者（1人以上は看護師または准看護師）	夜間・深夜以外	共同生活住居（ユニット）ごとに、利用者3人またはその端数を増すごとに常勤換算で1人以上	うち1人以上は常勤
			夜間・深夜	共同生活住居ごとに夜間および深夜の時間帯を通じて1人以上（宿直を除く） ユニットが3である場合において、各ユニットが同一階に隣接し、職員が円滑に利用者の状況把握を行い、速やかな対応が可能な構造で安全対策をとっていることを要件に例外的に2人以上の配置が可能 利用者の処遇に支障がない場合は、併設されている他の共同生活住居または小規模多機能型居宅介護事業所の職務に従事可	
			小規模多機能型居宅介護事業所が併設されている場合に、上記の人員基準を満たし、かつ小規模多機能型居宅介護事業所の人員基準が満たされていれば、兼務可	
		計画作成担当者（厚生労働大臣が定める研修の修了者）	介護支援専門員	計画作成担当者のうち1人以上 併設する小規模多機能型居宅介護事業所の介護支援専門員との連携を図ることにより当該事業所の効果的な運営を期待することができる場合、利用者の処遇に支障がないときは、置かないことができる。 介護支援専門員でない他の計画作成担当者の業務を監督	事業所ごとに専従で置かなければならない。利用者の処遇に支障がないときは、当該共同生活住居の他の職務に従事することが可能
			介護支援専門員以外	特養の生活相談員や老健の支援相談員その他の認知症であるものの介護サービスに係る計画の作成に関し実務経験を有するものと認められる者をもって充てることができる。	

人員基準		介護予防の指定を併せて受け、同一の事業所で一体的に運営されている場合、介護予防の人員に関する基準を満たすことをもって、基準を満たしているものとみなすことができる。	
	管理者	特養、老人デイ、老健、介護医療院、グループホーム等の従業者もしくは訪問介護員等として3年以上認知症介護経験を有する者で、別に厚生労働大臣が定める研修の修了者	共同生活住居ごとに常勤専従1名(管理上支障がない場合は、当該事業所の他の職務、または同一敷地内の他の事業所、施設等もしくは併設する小規模多機能型居宅介護事業所の職務に従事可)
	代表者	特養、老人デイ、老健、介護医療院、グループホーム等の従業者もしくは訪問介護員等として認知症介護経験を有する者または、保健医療サービスか福祉サービスの経営に携わった経験を有する者で、厚生労働大臣が定める研修の修了者	
共同生活住居、定員		共同生活住居を有し、その数は1または2とする(用地の確保が困難であることとその他地域の実情により効率的運営に必要と認められる場合については3)。共同生活住居の入居定員は、5人以上9人以下	
設備基準	居室	定員は1人。ただし、利用者の処遇上必要と認められる場合は、2人とすることができる。床面積≧7.43㎡	
	居間および食堂	居間および食堂は同一の場所とすることができる。	共同生活住居ごとの専用設備でなければならない。併設事業所で行われる他のサービス利用者がこれらの設備を共用することも原則不可
	台所		
	浴室		
		消火設備その他の非常災害に際して必要な設備	
		その他必要な設備および備品等	
		介護予防の指定を併せて受け、同一の事業所で一体的に運営されている場合、介護予防の設備に関する基準を満たすことをもって、基準を満たしているものとみなすことができる。	
立地		利用者の家族との交流の機会の確保や地域住民との交流を図る観点から、住宅地にあることまたは住宅地と同程度に利用者の家族や地域住民との交流の機会が確保される地域の中にあるようにしなければならない。	

運営基準	一定の条件下で、広域型特別養護老人ホーム、介護老人保健施設等との併設可
運営基準上必要な主な書類	サービスの提供の記録 （介護予防）認知症対応型共同生活介護計画 運営規程 勤務表 非常災害に関する具体的計画 苦情内容の記録 事故およびその処置の記録 従業者、設備、備品および会計に関する記録

著者作成

25 共生型サービス（図表2-26）

　介護保険優先原則の下では、障害者が65歳になって介護保険の被保険者となった際に、使い慣れた障害福祉サービス事業所を利用できなくなるケースがあることと、「地域共生社会」の実現に向けて制度の縦割りを超えて柔軟に必要な支援を確保するため、2018（平成30）年度介護報酬改定において、共生型サービスが創設されました。

　具体的には、介護保険サービスにおいては、障害福祉の指定を受けた事業所について、以下のように、介護保険の訪問介護、通所介護、地域密着型通所介護、短期入所生活介護の指定を受ける場合の基準の特例が設けられました。

【基準】

　障害福祉制度の指定を受けた事業所であれば、基本的に介護保険（共生型）の指定を受けられるものとする。

【報酬】

　介護保険の基準を満たしていない障害福祉制度の事業所の報酬については、
① 障害者が高齢となる際の対応という制度趣旨を踏まえ、おおむね

　障害福祉における報酬の水準を担保する。

②介護保険の事業所としての人員配置基準等を満たしていないこと
　から、通常の介護保険の事業所の報酬単位とは区別する。

という観点から単位が設定されました。

図表 2-26 ●共生型サービスの対象サービス

	障害福祉サービス等	介護保険サービス
ホームヘルプサービス	居宅介護 重度訪問介護	訪問介護
デイサービス	生活介護（主として重症心身障害者を通わせる事業所を除く） 自立訓練（機能訓練・生活訓練） 児童発達支援（主として重症心身障害児を通わせる事業所を除く） 放課後等デイサービス（主として重症心身障害児を通わせる事業所を除く）	通所介護 地域密着型通所介護
	生活介護（主として重症心身障害者を通わせる事業所に限る） 児童発達支援（主として重症心身障害児を通わせる事業所に限る） 放課後等デイサービス（主として重症心身障害児を通わせる事業所に限る）	療養通所介護
ショートステイ	短期入所	短期入所生活介護 介護予防短期入所生活介護

26 介護保険サービス従事者の主な資格（図表2-27）

　おのおのの介護保険サービスにおいて必要とされる、サービス従事
者の主な資格には**図表2-27**のようなものがあります。

図表2-27 ●介護保険サービス従事者の主な資格

区分		名称	内容	職能団体
国家資格	医療系資格	保健師	所定の専門教育を受け、地区活動や健康教育・保健指導などを通じて疾病の予防や健康増進など公衆衛生活動を行う地域看護の専門家です。名称独占。	公益社団法人日本看護協会
		看護師准看護師	傷病者もしくは出産後の女性に対する療養上の世話、または診療の補助を行うことを業とします。業務独占。医療と介護にわたる業務を幅広く担っています。なお准看護師は知事免許で、国家資格ではありません。	
		薬剤師	調剤、医薬品の供給その他薬事衛生をつかさどることによって、公衆衛生の向上および増進に寄与し、もって国民の健康な生活を確保する高度専門職業人とされています。業務独占。介護保険サービスでは、居宅療養管理指導を行うことができます。	公益社団法人日本薬剤師会
		理学療法士（Physical Therapist:PT）	身体に障害のある者に対し、主としてその基本的動作能力の回復を図るため、治療体操その他の運動を行わせ、および電気刺激、マッサージ、温熱その他の物理的手段を加える「理学療法」を行います。名称独占。	公益社団法人日本理学療法士協会
		作業療法士（Occupational Therapist:OT）	身体または精神に障害のある者に対し、主としてその応用的動作能力または社会的適応能力の回復を図るため、手芸、工作その他の作業を行わせる「作業療法」行います。名称独占。	一般社団法人日本作業療法士協会
		言語聴覚士（Speech-Language-Hearing Therapist:ST）	音声機能、言語機能、摂食・嚥下機能、または聴覚に障害のある者に対し、その機能の維持向上を図ることと言語訓練その他の訓練、これに必要な検査および助言、指導その他の援助と規定されている「言語聴覚療法」を行います。名称独占。	一般社団法人日本言語聴覚士協会
		柔道整復師	骨・関節・筋・腱・靱帯などに加わる急性、亜急性の原因によって発生する骨折・脱臼・打撲・捻挫・挫傷などの損傷に対し、手術をしない「非観血的療法」によって治療を行います。業務独占。介護保険サービスでは機能訓練指導員を担うことができます。	公益社団法人日本柔道整復師会
		管理栄養士栄養士	管理栄養士は、傷病者に対する療養のため必要な栄養の指導、個人の身体の状況、栄養状態等に応じた高度の専門的知識および技術を要する健康の保持増進のための栄養の指導ならびに特定多数人に対して継続的に食事を供給する施設における利用者の身体の状況、栄養状態、利用の状況等に応じた特別の配慮を必要とする給食管理およびこれらの施設に対する栄養改善上必要な指導等を行うことを業とします。名称独占。栄養士は、病院・施設などで栄養の指導、食事計画、食事管理などを行いますが、知事免許で、国家資格ではありません。	公益社団法人日本栄養士会
		歯科衛生士	歯科医師の直接の指導の下に、歯科予防処置、歯科診療補助および歯科保健指導等を行います。介護保険サービスでは口腔ケアを担っています。	公益社団法人日本歯科衛生士会
	福祉系資格	社会福祉士	専門的知識および技術をもって、身体上もしくは精神上の障害があることまたは環境上の理由により日常生活を営むのに支障がある者の福祉に関する相談に応じ、助言、指導その他の援助を行うこと（相談援助）を業とします。ソーシャルワーカーの国家資格。名称独占。地域包括支援センターにおいては配置義務が設けられましたが、相談援助業務を実践する職場への就職が少ないのが課題です。	公益社団法人日本社会福祉士会

国家資格	福祉系資格	精神保健福祉士 （Psychiatric Social Worker：PSW）	精神障害者の保健および福祉に関する専門的知識および技術をもって、精神病院その他の医療施設において精神障害の医療を受け、または精神障害者の社会復帰の促進を図ることを目的とする施設を利用している者の社会復帰に関する相談に応じ、助言、指導、日常生活への適応のために必要な訓練その他の援助を行うこと（相談援助）を業とします。名称独占ですが、精神保健福祉センターや保健所、精神障害者福祉施設などでは必置資格に準ずる配置となっています。	公益社団法人日本精神保健福祉士協会
		介護福祉士	専門的知識および技術をもって、身体上または精神上の障害があることにより日常生活を営むのに支障がある者につき心身の状況に応じた介護を行い、ならびにその者およびその介護者に対して介護に関する指導を行うことを業とします。名称独占。国は介護に携わる者の基礎資格を介護福祉士に一本化し、そこから認定介護福祉士へのキャリアアップを図る方向性を打ち出しています。	公益社団法人日本介護福祉士会
任用資格		社会福祉主事	生活保護法、児童福祉法、母子及び父子並びに寡婦福祉法、老人福祉法、身体障害者福祉法および知的障害者福祉法に定める援護、育成または更生の措置に関する事務を行います。都道府県、市および福祉事務所を設置する町村に置かれる職ですが、福祉事務所を置かない町村においても社会福祉主事を置くことができるとされています。社会福祉主事として任用されるための資格のことを、社会福祉主事任用資格といいます。	
公的資格		介護支援専門員 （ケアマネジャー）	要介護者または要支援者が自立した日常生活を営むのに必要な援助に関する専門的知識および技術を有し、要介護者等からの相談に応じ、その心身の状況等に応じ適切な介護保険サービスを利用できるようケアプランを作成したり、市町村、介護保険事業者等との連絡調整等を行います。	一般社団法人日本介護支援専門員協会
		介護職員基礎研修課程修了資格	国は、介護職員の資格を将来的には介護福祉士に一本化するという方針を打ち出しましたが、一気に移行することは不可能なため、その準備段階として2007年度から導入されました。資格取得者は、訪問介護員1級課程の上位資格に位置づけられ、同資格と介護福祉士の中間的な資格といえます。ただし、研修は2012年度末に廃止され、「実務者研修」に代わりました。この結果、研修はなくなりましたが、資格そのものは存在します。	
		訪問介護員 （ホームヘルパー）	都道府県知事の指定する訪問介護員養成研修の課程を修了し、介護行為が許された者です。講習課程には1～2級がありましたが、2012年度末に廃止されました。2013年度から、2級養成研修は「介護職員初任者研修」に、1級養成研修は介護職員基礎研修同様「実務者研修」に代わりました。研修はなくなりましたが、資格自体は存在します。	
		福祉用具専門相談員	福祉用具専門相談員指定講習を修了した者で、利用者が福祉用具を選定する際に相談を受け、身体状況に合った福祉用具選定の支援を行います。（介護予防）福祉用具貸与および特定（介護予防）福祉用具販売を行う場合、各事業所に2名以上の専門相談員を配置することが定められています。	一般社団法人全国福祉用具専門相談員協会
民間資格		福祉住環境コーディネーター	高齢者や障害者に対して住みやすい住環境を提案する専門職。医療・福祉・建築について体系的で幅広い知識を身につけ、建築士やケアマネジャー等各種専門職と連携をとりながらクライアントに適切な住宅改修プランを提示したり、福祉用具や諸施策情報などについてのアドバイスも行います。東京商工会議所が主催する民間資格で、1級から3級まであります。	福祉住環境コーディネーター協会

著者作成

問題 1　介護サービス事業所の人員基準について、以下の選択肢のうち正しいものを1つ選びなさい。

① 2015（平成27）年度から、訪問介護事業所のサービス提供責任者の人員基準はすべての事業所において、利用者の数が50人に対して1人になりました。

② 訪問看護ステーションの管理者として准看護師は認められません。

③ 訪問リハビリテーション事業所の人員基準は、理学療法士、作業療法士または言語聴覚士が2.5人以上です。

④ 通所介護事業所において、機能訓練は機能訓練指導員だけしか実施できません。

⑤ 定期巡回・随時対応型訪問介護看護事業所と看護小規模多機能型居宅介護事業所の看護職員の配置基準は、常勤換算で1名以上です。

問題 2　介護サービス事業所の設備基準について、以下の選択肢のうち正しいものを1つ選びなさい。

① 通所リハビリテーション事業所のリハビリテーションを行う部屋の利用者1人当たりの面積基準は、通所介護事業所の機能訓練室の基準より広い。

② 介護老人福祉施設の1ユニットの入所定員は9人以下となっています。

③ 介護老人保健施設の居室を地階に設けることはできません。

④ 小規模多機能型居宅介護事業所の宿泊室の定員はすべて1人と定められています。

⑤ 認知症対応型共同生活介護事業所の居室の面積は13.2㎡以上です。

問題 3 職種・資格について述べた、以下の選択肢のうち正しいものを1つ選びなさい。

①准看護師は看護師と同様に国家資格です。

②柔道整復師は、特別養護老人ホームの機能訓練指導員として勤務できます。

③社会福祉士はソーシャルワーカーの唯一の国家資格で、業務独占が認められています。

④介護支援専門員は、ケアプランを作成できる唯一の国家資格です。

⑤訪問介護員2級の資格は2012（平成24）年度末で廃止されました。

解答1　②

解説1　出題の意図：介護サービス事業所の人員基準についての知識を問うものです。

①✕　サービス提供責任者の配置数が利用者50人に対して1人と認められるのは、常勤のサービス提供責任者を3人以上配置し、かつ、サービス提供責任者の業務に主として従事する者が1人以上配置されている介護事業所で、サービス提供責任者が行う業務が効率的に行われている場合に限られています。

②○　選択肢のとおり。

③✕　理学療法士、作業療法士または言語聴覚士が1人以上です。

④✕　利用者の日常生活やレクリエーション、行事を通じて行う機能訓練については、当該事業所の生活相談員または介護職員が兼務して行っても差し支えありません。

⑤✕　常勤換算で2.5人以上です。

解答2　③

解説2　出題の意図：介護サービス事業所の設備基準についての知識を問うものです。

①✕　両事業所とも、1人当たり3㎡以上です。

②✕　各ユニットの入所定員は原則10人以下です。

③○　選択肢のとおり。

④✕　利用者の処遇上必要と認められる場合は、2人とすることができます。

⑤✕　居室の面積基準は7.43㎡以上です。

解答
3　②

解説
3　出題の意図：介護サービスを担う職種・資格についての基礎知識を問うものです。

　①× 　准看護師は知事免許で、国家資格ではありません。

②○ 　選択肢のとおり。

③× 　名称独占です。

④× 　都道府県知事から資格が与えられる公的資格です。

⑤× 　講習課程は2012（平成24）年度末で廃止されましたが、資格自体は存在します。

第**3**章
介護サービスの質の向上と評価

1 サービス業としての介護事業

2 介護サービスの質の評価

© Lai Leng Yiap - Fotolia.com

サービス業としての介護事業

1 サービスの一般的な特性

措置時代はいざ知らず、介護事業がサービス業であることに異を唱える人はいないはずです。サービス業一般と同様に、介護サービスには次のような特性があります。

①無形性

製品は生産活動の果実であり、目で見て、手にとって確かめることができますが、サービスは目で見ることができず、形としても残りません。サービスは、価値を生む活動（プロセス）そのものです。

②同時性

製品の場合には、生産→販売→消費という順序があり、生産と消費は切り離されていますが、サービスは、生産と消費が同じ時間、同じ空間で、同時に起こります。顧客自らが、サービスの生産過程に参加することになります。

③不可逆性

サービスは、いったん消費（利用）してしまうと元に戻すことができません。失敗したからといって、途中でリセットすることは不可能です。

④消滅性

形のないサービスは、ストック（在庫）しておくことができません。

⑤関係性

製品は非個人的なものですから、それを購入する顧客との間には、人間的な関係は生まれません。それに対して、サービスは個人的なものです。顧客がサービスの生産過程に参加するということは、サービスは顧客と提供者の相互作用、共同作業によって生み出されるということです。サービスの提供者と顧客の関係性も、サービスのたいへん重要な要素になります。

2 介護サービスの特性

介護サービスには、次のような独自の特性が導かれます。

①専門性

利用者の「安全」を確保し、「安心」を与えるためには、スタッフの知識、技術、対応能力など、高い専門性が要求されます。

②代替性

利用者の望む生活を実現するための手段（支援）は、一つであるとは限りません。他のサービスに置き換えが可能です。

③公共性

介護サービス、特に、介護保険制度に則ったサービスには、この観点が欠かせません。コンプライアンス（Compliance；法令遵守・倫理遵守）やCSR（Corporate Social Responsibility；企業の社会的責任）への意識が強く求められます。そして、その根底には人権擁護・人間性尊重があります。

④利用者と購入決定者の不一致

　高齢や障害といった利用者の心身の状態や経済的な状況などによって、サービス購入を決定するのが利用者本人以外であることが多くあります。

⑤負のサービス

　介護サービスは、できることなら使いたくない「負のサービス」といえます。

3 介護サービスの質の改善への取り組み

　以上のように、サービスの一般的な特性と介護サービスの特性の両方を踏まえると、サービスの質の改善に向けた取り組みの方向性が見えてきます。

　介護サービスの質を改善しようとすると、えてして「提供されるサービス」や「サービス提供にあたる職員の行動やコミュニケーションの巧拙」といった目に見える、つまり利用者や家族にも直接伝わるサービスのあり方ばかりに目が向けられがちです。

　しかし、「無形性」や「同時性」、「不可逆性」などといったサービス固有の特性があるために、改善はなかなか困難であることがわかります。

　また、特定の職員だけではなく、介護にかかわる者全体を対象にして、継続的に努力を続けるのでなければ、組織としての介護サービスの質の改善・向上は望めません。

　見えない部分に目を向けて、仕事のやり方などを変えなければ、本質的な介護サービスの改善・向上には至らないのです。それには、目に見える表面的な「上部構造」から、仕組みや業務プロセス、教育のあり方からマネジメントやリーダーシップ、さらには理念やビジョンなどといった、いわば「下部構造」ともいうべき組織の基礎的な領域へ深化していく改善プロセスが不可欠になります。

2 介護サービスの質の評価

1 サービスの質向上の3つの指標

　介護サービスの質の評価に関連する公的な取り組みとしては、すでに、

①介護サービス情報の公表

②認知症対応型共同生活介護事業者に義務付けられている自己評価・外部評価

③運営推進会議などによる評価

④福祉サービスの第三者評価

　が実施されています。

　しかし、サービスの質を向上させていくためには、事業者自らが、先に述べたような介護サービスの特性を踏まえたマネジメントを行っていくことが必要です。介護サービスの質を確保・向上させるためには、以下に示す「構造」（ストラクチャー）・「過程」（プロセス）・「成果」（アウトカム）の3つの要素からアプローチしていくことが一般的です（**図表3-1**）。

①**構造（structure）**：事業所の指定基準等により定められた、サービスを提供するための人員配置や設備構造、組織等に関する必要条件の充足状況

②**過程（process）**：サービス提供を管理するための記録や帳票の運用、サービス提供の手順とそのマニュアル類の整備状況

③**成果（outcome）**：「利用者の自立支援につながっているか」「生活

の質（quality of life）を高めているか」など介護サービスの効果が上がっているか、利用者のニーズへの対応が的確で個人の尊厳が尊重され不快感なくサービスが利用できたか、などの結果

図表3-1●品質確保の段階と介護保険制度上の対応

段階	規定内容	管理をする仕組み
設備や人員構成などの構造（structure）	・運営基準に規定される人員配置、設備構造、組織等の要件	・事業所指定申請時の審査 ・都道府県・保険者による業務監査 ・情報公表制度による査察と結果公表・都道府県が実施する第三者評価、等
サービス提供の過程（process）	・業務マニュアル ・サービス計画書、サービス提供記録	
提供したサービスの成果（outcome）	・利用者の要介護度による評価 ・連携する事業所数、サービス種類数による評価	・質の評価による介護報酬上の加算（サービス提供体制強化加算、特定事業所加算、在宅復帰支援機能加算等）

出所：『介護イノベーション　介護ビジネスをつくる、つなげる、創造する』田中滋・栃本一三郎編著、第一法規

　ストラクチャーおよびプロセスを評価する試みは、多くの報酬上の評価にも導入されています（図表3-2）。図表3-3に示したように、ストラクチャーとプロセスを法令等に重ね合わせ、事業所のサービスの質の向上に生かそうという取り組みも行われています。

図表3-2●介護報酬の加算等における質の評価の主な例

	構造（structure）評価	過程（process）評価	結果（outcome）評価
各サービス共通	・要介護度別の基本報酬		
訪問介護	・特定事業所加算	・生活機能向上連携加算	
訪問看護・介護予防訪問看護	・サービス提供体制強化加算	・特別管理加算	
訪問リハビリテーション	・サービス提供体制強化加算	・短期集中リハビリテーション実施加算 ・リハビリテーションマネジメント加算	・社会参加支援加算
通所介護	・サービス提供体制強化加算 ・中重度ケア体制加算 ・認知症加算	・個別機能訓練加算 ・生活機能向上連携加算	・ADL維持等加算
通所リハビリテーション	・サービス提供体制強化加算 ・中重度ケア体制加算	・リハビリテーションマネジメント加算 ・短期集中個別リハビリテーション実施加算 ・生活行為向上リハビリテーション実施加算	・社会参加支援加算
介護予防通所リハビリテーション	・サービス提供体制強化加算	・リハビリテーションマネジメント加算 ・生活行為向上リハビリテーション実施加算 ・運動器機能向上加算 ・栄養改善加算 ・口腔機能向上加算 ・生活機能向上グループ活動加算	・事業所評価加算
小規模多機能型居宅介護	・サービス提供体制強化加算 ・看護職員配置加算	・生活機能向上連携加算 ・総合マネジメント体制加算 ・看取り連携体制加算	
介護老人保健施設		・短期集中リハビリテーション実施加算 ・ターミナルケア加算	・在宅復帰・在宅療養支援機能加算 ・褥瘡マネジメント加算（Ⅱ）
介護医療院		・褥瘡対策指導管理 ・感染対策指導管理	
施設系（横断）	・サービス提供体制強化加算 ・夜勤職員配置加算	・経口維持加算 ・口腔衛生管理加算	・排せつ支援加算（Ⅱ）

厚生労働省資料をもとに著者作成

図表3-3●居宅・訪問系事業所の管理者が管理すべき基本項目と根拠、チェック時期、頻度

分類	項目	内容	訪問介護
基本理念	1	利用者の尊厳を保持し、意思と人格を尊重し、常に利用者の立場に立ち、利用者と事業者の双務有償契約に基づいて、利用者の安全と人権の擁護を遵守しつつ、サービス提供が実施されることに関する管理（成年後見制度含む） 地域との結びつきを重視し区市町村や他の居宅サービス事業者、保健医療サービスや福祉サービス提供者との連携推進に関する管理 民法上の管理者の位置づけと責任、消費者契約法等リスク管理、および内部通報制度等事業所および法人のガバナンス管理	3 介護保険法第1、2 成年後見制度関連4法 個人情報保護法 公益通報者保護法 消費者契約法
法令遵守	2	指定人員配置の管理方法の把握	5, 30
	3	利用者数および延べ利用者数、サービス提供時間の管理	5
	4	利用者定員の遵守の管理	
	5	従業員数、入社・退社予定の管理	5, 30
	6	設備基準および備品の管理	7
	7	実態に沿った運営規程の掲示、および変更時の更新管理	29, 32
	8	秘密保持、個人情報保護法に基づく管理	33
	9	広告管理（営業活動上虚偽、誇大広告がないか）	34
	10	居宅介護支援事業者に対する利益供与禁止の管理	35
事業所運営	11	介護従事者、および、設備・備品に関する衛生管理	31
	12	契約書、重要事項説明書の交付、説明、同意の管理	8
	13	従業員に対する身分証明書の管理（発行、携帯、掲示義務の指導、管理）	18
	14	サービス利用申し込みに係る対応およびサービス提供困難時の対応管理	8, 9, 10, 11
	15	記録の整備、保存、管理	39
介護保険サービス管理	16	介護サービス提供に関する計画作成、説明、同意および実施、記録に関する業務管理	4, 16, 17, 19, 22, 23, 24, 25, 29
	17	介護サービス提供に必要な助言および指導（利用者、従業員）	4, 11, 12, 13, 14, 15, 16, 17, 23
	18	家族との連携、利用者と家族の交流確保管理	
	19	社会資源の理解、地域連携の推進管理	3
人事労務管理	20	雇用条件・労働条件全般管理	労働基準法第15条、89条
	21	従業者の勤怠管理	30
	22	超過勤務手当管理	労働基準法第26条、最低賃金法第4条
	23	安全衛生管理	労働安全衛生法
	24	従業者の資質向上のための研修参加促進等の管理	30
給付管理・出納管理	25	給付管理、利用料等現金受領等に関する会計管理	20, 21, 26, 38
苦情・事故等に関するリスクマネジメント	26	相談・苦情マネジメント	36
	27	事故発生時の対応および記録整備管理	27, 37
サービスの質の向上	28	提供する介護サービスの質の評価、向上に係る管理	22
	29	介護サービス情報の公表制度への対応	
指定の変更申請について	30	指定介護事業所の変更および更新等に関する管理	介護保険法施行規則第114条
高齢者の虐待防止	31	高齢者虐待防止法に基づく事業所としての管理（虐待事案の発生防止、早期発見、通報義務、身体拘束の理解）	高齢者虐待防止法第2、5、20条

根拠条項（法規名が明記されていないものについては全て「居宅基準」）第3条、第6条、第28条は全てに該当					チェックの時期・頻度			
訪問入浴介護	通所介護	短期入所生活介護	特定施設入居者生活介護	福祉用具貸与	日次	月次	年次	随時
3 介護保険法第1、2 成年後見制度関連4法 個人情報保護法 公益通報者保護法	3 介護保険法第1、2 成年後見制度関連4法 個人情報保護法 公益通報者保護法	3 介護保険法第1、2 成年後見制度関連4法 個人情報保護法 公益通報者保護法	3 介護保険法第1、2 成年後見制度関連4法 個人情報保護法 公益通報者保護法 消費者契約法	3 介護保険法第1、2 成年後見制度関連4法 個人情報保護法 公益通報者保護法 消費者契約法			●	
45, 30	93, 101	121, 101	175, 190	194, 101		●	●	●
45	93	123	175	194		●	●	●
	102	138				●	●	●
30, 45	93, 101	121, 101	190, 175	101, 194		●	●	●
47	95	124	177	196, 203			●	●
32, 53	32, 100	32	32	200			●	●
33	33	33	33	33			●	●
34	34	34	34	34		●	●	●
35	35	35	35	35			●	●
31	31, 104	31	104	203	●	●	●	●
8	8	125	178	8	●	●	●	●
18				18	●	●	●	●
8, 9, 10, 11	8, 9, 10, 11	132－2, 9, 10, 11	179, 11	8, 9, 10, 11				
53－2	104－3	139－2	191－3	204－2	●	●	●	●
44, 16, 17, 19, 49, 50, 53	92, 16, 17, 19, 97, 98, 99, 100	16, 19, 128, 129, 130, 131, 132, 133, 134, 135	174, 181, 183, 184, 185, 132, 186, 187, 189	193, 16, 17, 19, 198, 199, 200	●	●	●	●
44, 11, 12, 13, 14, 15, 16, 17, 50	92, 11, 12, 13, 14, 15, 16, 17, 98	12, 13, 15, 16	174, 11, 12, 181, 188	193, 11, 12, 13, 14, 15, 16, 17	●	●	●	●
			188, 191			●	●	●
3	3	3, 139	3	3		●	●	●
								●
30	101	101	190	101	●	●	●	●
						●	●	●
						●	●	●
30	101	101	190	101		●	●	●
48, 21, 26, 38	96, 21, 26, 38	127, 21, 26, 38	182, 21, 26, 38	197, 21, 26, 38		●	●	●
36	36	36	36	36		●	●	●
51, 37	27, 37, 103	37, 103	27, 37, 103	37			●	●
49	97	128	183	198	●	●	●	●
「介護サービス情報の公表」制度の施行について（平18老振発第0331007号）							●	●
						●	●	●
					●	●	●	●

出所：平成20年度「介護事業所管理の実態把握と管理者の資質向上に関する調査研究事業報告書」社団法人シルバーサービス振興会

2 望まれるアウトカム指標

　社会保障審議会介護給付費分科会の「平成21年度介護報酬改定に関する審議報告」において、「本来、質の高いサービスを提供する事業所への適切な評価を行うことにより、処遇改善を推進するべき」と指摘されたうえで、今後の方向性について、「介護サービスの質の評価が可能と考えられる指標について、検討を行う」とされました。続く「平成24年度介護報酬改定に関する審議報告」においても、「介護サービスの質の向上に向けて、具体的な評価手法の確立を図る。また、利用者の状態を改善する取組みを促すための報酬上の評価の在り方について検討する」と、サービスの質の評価とそれを報酬上の評価に反映することの重要性が示されています。

　2010（平成22）年3月にまとめられた「介護サービスの質の評価のあり方に係る検討委員会」（委員長：武藤正樹国際医療福祉総合研究所所長）報告書（「介護サービスの質の評価のあり方に係る検討に向けた事業報告書」財団法人日本公衆衛生協会）では、「医療や保健医療政策の分野における質の評価においては、アベティス・ドナベディアン（著者注：Avedis Donabedian 米国の医師・公衆衛生学者）が提唱したストラクチャー（構造）、プロセス（過程）、アウトカム（結果）の3要素によるアプローチが一般に用いられており、本検討委員会においても、ドナベディアンの3要素によるアプローチを前提して、評価項目等を検討することとする。…医療や介護などのヒューマン・サービスについては、プロセスの標準化が困難な分野であり、質の確保を図る上で、プロセス面を評価するだけでは不十分であり、アウトカム評価が重要であるとの指摘がある」とされています。

　しかし、同報告書の「結語」では、「介護サービスの質の評価は、その実施によって、ケアの質の向上につなげ、ひいては、介護保険の理念（利用者が尊厳を保持し、その有する能力に応じ自立した日常生活を営むことができるようにすること）の実現を目指して実施するべき

ものであるという点については、委員全員の見解が一致した。 しかしながら、多面的な側面を有する介護サービスの質について、どの側面を重視して評価を行うべきか、またどのような方法により評価を実施すべきであるか、という点については必ずしも意見の一致を見ていない。…客観的に把握可能であり、かつ、わが国において妥当と考えられるアウトカム評価の指標を早急に確立すべき（確立が可能である）との指摘がなされる一方、臨床指標については、多面的な介護サービスの一側面のみを捉えるものに過ぎず、量的アウトカム評価に偏重しない質の評価システムの構築を目指すべきとする意見もみられたところである」と、アウトカム指標、とりわけ報酬上の評価に結びつけるという点では課題も多いと慎重姿勢にとどまっています。

　参考までに同報告書に示された、階層的な質の評価を行う場合の評価項目の例示を**図表3-4**に掲げておきます。

　その後も、社会保障審議会介護給付費分科会のもとで行われている「介護報酬改定の効果検証及び調査研究に係る調査」の一環として、2013（平成25）年度に「介護保険サービスにおける質の評価に関する調査研究事業」を、2014（平成26）年度には「介護保険制度におけるサービスの質の評価に関する調査研究事業」など、2017（平成29）年度に至るまで同様の調査研究事業が実施されています。

　さらに「未来投資戦略2017」（2017（平成29）年6月9日閣議決定）においては、「次期介護報酬改定において、効果のある自立支援について評価を行う。」とされ、続いて「経済財政運営と改革の基本方針2017」（2017（平成29）年6月9日閣議決定）においては、「自立支援に向けた介護サービス事業者に対するインセンティブ付与のためのアウトカム等に応じた介護報酬のメリハリ付け（中略）について、関係審議会等において具体的内容を検討し、2018（平成30）年度介護報酬改定で対応する」とされました。これを受け2018年度介護報酬改定において創設されたのが、通所介護の「ADL維持等加算」です（**図表3-2**参照）。

　また、2021（令和3）年度介護報酬改定では施設サービスの「褥瘡

マネジメント加算」および「排せつ支援加算」にそれぞれアウトカムを
許可する上位区分が新設されました。今後も拡充される方向は明らか
です。事業として介護サービスを行う者にとって、「顧客満足度」を
含むアウトカム評価なしでは、サービスの質向上を図ることは困難だ
と思われます。たとえ公的なものさしが不十分でも、事業者自身が、
その目指す事業の姿の到達度を評価する工夫は欠かせないでしょう。

図表3-4 ●介護報酬の加算等における質の評価の主な例

介護保険の理念

要介護状態にある者が、尊厳を保持し、その有する能力に応じ自立した日常生活を営むことができるよう、必要な保健医療サービスおよび福祉サービスにかかる給付を行う。

事業者が達成すべき具体的な目標

利用者等のQOLの確保	地域包括ケアの推進

目標を達成するため、事業所が質の確保・向上に取り組むべき分野

利用者等のQOLの確保

安全かつ専門的技術の提供
- 専門的な認知症ケアの提供
- 専門的なターミナルケアの提供
- 感染症や食中毒の予防
- 事業所内事故の防止
- 質の高い介護技術（口腔ケア、排せつ管理、入浴サービス、機能訓練等）の提供

定量的に測定可能な項目
- より自立した栄養・食事摂取が可能となった者の割合
- より自立した排せつが可能となった者の割合
- 認知症高齢者の日常生活自立度が改善した者の割合
- 障害高齢者の日常生活自立度が改善した者の割合
- 一定量のサービス提供後に要介護認定の基準時間が減少した者の割合
- 処置等によって褥瘡の重症度が改善した者の割合
- 一定期間内に転倒発生した件数
- 一定期間内に身体拘束を行った件数

利用者の生活の継続に向けた工夫
- PDCAサイクルに基づく継続的なケアの提供
- 利用者や家族との適切なコミュニケーション
- サービス計画の策定への利用者の主体的な参画
- 利用者の意見を収集する仕組みの構築
- プライバシーに配慮したケアの提供
- 個人情報の保護に係る取り組み
- 生活スペースの環境整備

地域包括ケアの推進

地域の保健・医療・福祉資源の活用と連携
- 急性増悪や看取りへの対応を目的とした医療機関との連携
- 在宅復帰を目的とした居宅サービス事業所や医療機関との連携
- 市町村担当者との連携
- 地域包括支援センターとの連携

地域社会への貢献
- 事業所職員から地域住民に対しての介護技術に係る指導
- 地域住民による介護体験やボランティアの受け入れ
- 施設内行事への地域住民の受け入れ
- 地域行事への利用者の参加
- 認知症地域支援体制構築等推進事業への参画
- 在宅療養者への支援
- 利用者満足度調査結果の地域への公表

適切な事業運営

従事者がやりがいを感じる職場づくり
- 幹部職員と従事者間の円滑なコミュニケーション体制の構築
- キャリアアップのしくみの構築
- 資格取得に向けた支援
- 継続的な能力開発の実施
- 専門的ケア習得に向けた外部研修参加への支援
- 有給休暇の取得促進や時間外勤務の削減等のワークライフバランスの実現

適切な施設・設備管理
- 清潔感のある空間づくり
- 福祉用具の整備

適切な会計管理
- 会計記録の作成
- アセスメントに基づく適正化

情報収集や情報発信を活用した事業戦略
- 地域の同業事業所とのケア技術の共有
- 地域の同業事業所との比較・検討の実施
- ホームページの開設

出所：「介護サービスの質の評価のあり方に係る検討に向けた事業報告書」
財団法人日本公衆衛生協会、2010（平成22）年3月

問題 1 介護サービスの特性について述べている以下の文章の空欄にあてはまる適切な語句を、選択肢ア.〜コ.の中から選びなさい。

　製品は（　①　）活動の結果として目に見えますが、介護サービスは他の一般のサービスと同様に、目で見ることができず、形としても残らない（　②　）という特性があります。また、（　①　）と消費が同じ時間、同じ空間で起こる（　③　）と、いったん消費してしまうと元に戻すことができない（　④　）という特性も備えています。さらに、介護サービスならではの安全と安心を確保するための（　⑤　）も要求されます。

［選択肢］

　ア. 販売　　**イ**. 生産　　　**ウ**. 専門性　　**エ**. 不可逆性　　**オ**. 社会性

　カ. 時間性　**キ**. 非個人性　**ク**. 無形性　　**ケ**. 同時性　　　**コ**. 対称性

<table>
<tr><td>問題
2</td><td>介護サービスの質の評価について述べている以下の文章の空欄にあてはまる適切な語句を、選択肢ア.～コ.の中から選びなさい。</td></tr>
</table>

　サービスの質を確保する方法としては、(a)サービスを提供する設備や人員などの（　①　）面での条件を整備する、(b)サービス提供の（　②　）を記録や（　③　）で管理する、(c)サービスを提供した結果、つまり（　④　）を確認するという3つの要素があります。ただし、介護サービスについては、（　②　）の（　⑤　）が困難な分野であり、質の確保を図る上で、（　②　）面を評価するだけでは不十分であり、（　④　）評価が重要であるとの指摘がある一方、（　④　）指標を報酬上の評価に結びつけるという点では課題も多いという意見も根強くあります。

[選択肢]

　ア. 成果（outcome）　　イ. 消費（consumption）　　ウ. 過程（process）

　エ. 構造（structure）　　オ. 導入（introduction）　　カ. 内容（subject）

　キ. マニュアル　　　ク. ネットワーク　　ケ. 個別化　　コ. 標準化

解答
1
①―イ、②―ク、③―ケ、④―エ、⑤―ウ

解説
1
出題の意図：介護サービスの一般的および個別的特性についての理解を確認するものです。

　　製品は（生産）活動の結果として目に見えますが、介護サービスは他の一般のサービスと同様に、目で見ることができず、形としても残らない（無形性）という特性があります。また、（生産）と消費が同じ時間、同じ空間で起こる（同時性）と、いったん消費してしまうと元に戻すことができない（不可逆性）という特性も備えています。さらに、介護サービスならではの安全と安心を確保するための（専門性）も要求されます。

解答
2
①―エ、②―ウ、③―キ、④―ア、⑤―コ

解説
2
出題の意図：介護サービスの質向上のマネジメントに関して確認するものです。

　　サービスの質を確保する方法としては、(a)サービスを提供する設備や人員などの（構造　structure）面での条件を整備する、(b)サービス提供の（過程　process）を記録や（マニュアル）で管理する、(c)サービスを提供した結果、つまり（成果　outcome）を確認する、という3つの要素があります。ただし、介護サービスについては、（プロセス）の（標準化）が困難な分野であり、質の確保を図る上で、（プロセス）面を評価するだけでは不十分であり、（アウトカム）評価が重要であるとの指摘がある一方、（アウトカム）指標を報酬上の評価に結びつけるという点では課題も多いという意見も根強くあります。

青木正人『図解でスッキリ！2018ダブル改定 介護事業者が知らないと損をする 公的医療保険と診療報酬』メディカ出版、2018

青木正人『変わる！地域包括ケア時代の働き方 デイサービス生活相談員のできる仕事術』メディカ出版、2015

田中滋、栃本一三郎編著『介護イノベーション　介護ビジネスをつくる、つなげる、創造する』第一法規、2011

和田勝、稲川武宣、唐澤剛『介護保険の手引き〈平成23年版〉』ぎょうせい、2010

青木正人、浅野睦『選ばれる事業者になる 変革期の介護ビジネス 情報公表制度・第三者評価を活かす事業経営』学陽書房、2007

青木正人監修『最新 成功する介護ビジネスの起こし方・運営一切』日本実業出版社、2006

中村秀一「高齢者保健福祉の変遷と介護保険制度の創設」『介護経営白書2010年度版』日本医療企画、2010

青木正人「ケアウオッチ！！ 介護報酬・診療報酬同時改定を読み解く」」『月刊老施協』2017年4月号～2018年3月号、公益社団法人全国老人福祉施設協議会

青木正人「青木正人の介護福祉MBA講座」『月刊老施協』2008年6月号～2008年11月号、公益社団法人全国老人福祉施設協議会

青木 正人（あおき・まさと）

1955年、富山県生まれ。1978年、神戸大学経営学部経営学科卒業。出版社編集者を経て、出版社・予備校・学習塾を経営、その後介護福祉士養成校や特別養護老人ホームを設立・運営する。

2000年、有限会社ウエルビー（2002年に株式会社に改組）を設立し、代表取締役に就任。福祉介護事業の経営・人事労務・教育分野等のコンサルティングおよび自治体の福祉施策等の指導を行う。また、会員制で経営レポート（Well-beレポート）の定期発行を行うほか、介護福祉経営セミナー、ビジネススクール（介護福祉MBA：校長）を開講する。

法人として東京都福祉サービス第三者評価機関の認証、介護サービス情報の公表、東京都指定調査機関の指定、個人として東京都福祉サービス第三者評価評価者研修講師ならびに評価者、介護サービス情報の公表調査員指導者ならびに調査員、埼玉県福祉サービス第三者評価調査員の認証を受ける。一般社団法人日本介護福祉経営人材協会理事。明治大学サービス創新研究所客員研究員。所属学会は、日本介護経営学会、現代経営学研究所。

主な著作に、『新入介護職員 早期戦力化マニュアル』『指導・監査に負けない ケアマネ事業所運営のポイント70』『介護経営白書（2007年度版～2017-2018年度版）』（以上、日本医療企画）、『持続可能な制度経営を実現する医療と介護の事業マネジメント』『図解でスッキリ！2018ダブル改定 介護事業者が知らないと損をする 公的医療保険と診療報酬』『変わる！地域包括ケア時代の働き方 デイサービス生活相談員のできる仕事術』（以上、メディカ出版）、『入門 在宅介護ビジネス―最新の経営ノウハウ』（ぎょうせい）、『選ばれる事業者になる 変革期の介護ビジネス―情報公表制度・第三者評価を活かす事業経営』（学陽書房）、『最新 成功する介護ビジネスの起こし方・運営一切』（日本実業出版社）ほか多数があるとともに、雑誌への寄稿、講演、TV出演と多彩な活動を行う。

株式会社ウエルビー　〒150-0031　東京都渋谷区桜丘町9-18-104

Tel：03-5428-5785　　Fax：03-5428-5786

e-mail：info@well-be.net　　http://www.well-be.net

介護福祉経営士テキスト　基礎編I−4　第4版
介護福祉の仕組み
職種とサービス提供形態を理解する

2012年7月20日　第1版第1刷発行
2015年8月20日　第2版第1刷発行
2018年7月25日　第3版第1刷発行
2021年8月27日　第4版第1刷発行

著　者　青木正人
監　修　一般社団法人日本介護福祉経営人材教育協会
発行者　林　諄
発行所　株式会社　日本医療企画
　　　　〒104-0032　東京都中央区八丁堀3-20-5　S-GATE八丁堀
　　　　TEL. 03-3553-2861（代）　http://www.jmp.co.jp
　　　　「介護福祉経営士」専用ページ　http://www.jmp.co.jp/kaigofukushikeiei/
印刷所　大日本印刷株式会社

これからの介護・福祉事業を担う経営"人財"

介護福祉経営士テキスト シリーズ 全21巻

監修

一般社団法人日本介護福祉経営人材教育協会

【基礎編Ⅰ】テキスト（全6巻）

1	**介護福祉政策概論** ──施策の変遷と課題	第3版	和田　勝 国際医療福祉大学大学院教授
2	**介護福祉経営史** ──介護保険サービス誕生の軌跡		増田雅暢 岡山県立大学保健福祉学部教授
3	**介護福祉関連法規** ──その概要と重要ポイント	第3版	長谷憲明 関西国際大学教育学部教授・地域交流総合センター長
4	**介護福祉の仕組み** ──職種とサービス提供形態を理解する	第4版	青木正人 株式会社ウエルビー代表取締役
5	**高齢者介護と介護技術の進歩** ──人、技術、道具、環境の視点から		岡田　史 新潟医療福祉大学社会福祉学部准教授
6	**介護福祉倫理学** ──職業人としての倫理観		小山　隆 同志社大学社会学部教授

【基礎編Ⅱ】テキスト（全4巻）

1	**医療を知る** ──介護福祉人材が学ぶべきこと	神津　仁 特定非営利活動法人全国在宅医療推進協会理事長／医師
2	**介護報酬制度／介護報酬請求事務** 第4版 ──基礎知識の習得から実践に向けて	小濱道博 介護事業経営研究会顧問
3	**介護福祉産業論** ──市場競争と参入障壁	結城康博　　　　　　　　　　早坂聡久 淑徳大学総合福祉学部准教授　　社会福祉法人柏松会常務理事
4	**多様化する介護福祉サービス** ──利用者視点への立脚と介護保険外サービスの拡充	島津　淳　　福田　潤 桜美林大学健康福祉学群専任教授

【実践編Ⅰ】テキスト（全4巻）

1	**介護福祉経営概論** ── 生き残るための経営戦略	宇野　裕 日本社会事業大学専務理事
2	**介護福祉コミュニケーション** ── ES、CS向上のための会話・対応術	浅野　睦 株式会社フォーサイツコンサルティング代表取締役社長
3	**事務管理／人事・労務管理** ──求められる意識改革と実践事例	谷田一久 株式会社ホスピタルマネジメント研究所代表
4	**介護福祉財務会計** ──強い経営基盤はお金が生み出す	戸崎泰史 株式会社日本政策金融公庫国民生活事業本部融資部専門調査役

【実践編Ⅱ】テキスト（全7巻）

1	**組織構築・運営** ──良質の介護福祉サービス提供を目指して	廣江　研 社会福祉法人こうほうえん理事長
2	**介護福祉マーケティングと経営戦略** ──エリアとニーズのとらえ方	馬場園　明 九州大学大学院医学研究院医療経営・管理学講座教授
3	**介護福祉ITシステム** ──効率運営のための実践手引き	豊田雅章 株式会社大塚商会本部SI統括部長
4	**リハビリテーション・マネジメント** ── QOL向上のための哲学	竹内孝仁 国際医療福祉大学大学院教授／医師
5	**医療・介護福祉連携とチーム介護** ──全体最適への早道	苛原　実 医療法人社団実幸会いらはら診療所理事長・院長
6	**介護事故と安全管理** ──その現実と対策	小此木　清 弁護士法人龍馬　弁護士
7	**リーダーシップとメンバーシップ、モチベーション** ──成功する人材を輩出する現場づくりとその条件	宮野　茂 日本化薬メディカルケア株式会社代表取締役社長

※タイトル等は一部予告なく変更する可能性がございます。